LEOAS

DESPERTANDO A FORÇA INTERIOR PARA O SUCESSO PESSOAL E PROFISSIONAL

VOLUME 2

EDITORA
CHAVE MESTRA®

Ficha técnica

EDITORA
CHAVE MESTRA®

Av. Marcos Penteado de Ulhoa Rodrigues, 1119 – Tamboré, Alphaville/SP,
Ed. Office Shopping Tamboré – andar 21 – sala Chave Mestra
CEP: 06460-040
@editorachavemestra
editora@editorachavemestra.com.br
Acesse: www.editorachavemestra.com.br

Título original em português:
Leoas – volume 2: despertando a força interior para o sucesso pessoal e profissional

Direção editorial: Raquel Medeiros
Coordenação editorial: Bartira Costa Neves
Assistência editorial: Eloiza Andrade e Larissa Robbi Ribeiro
Revisão: Híllona Anjos e Tony R. de M. Rodrigues
Diagramação e projeto gráfico: Weslei Eugênio
***Branding* de capa:** Izzo Medeiros

Dados Internacionais de Catalogação na Publicação (CIP)

Vale, Rogério. (Organizador)

V149 Leoas – volume 2: despertando a força interior para o sucesso pessoal e profissional / Rogério Vale (org.) – Barueri, SP: Chave Mestra Editora, 2024. 256 p. : 16 x 23 cm

ISBN 978-65-5496-050-2

1. Desenvolvimento pessoal. 2. Mindset. 3. Negócios. 4. Riqueza.
5. Sucesso nos negócios. 6. Atitude. 7. Mulheres. 8. Título.

CDD 158.1

LEOAS

VOLUME 2

Sumário

LEOAS

Prefácio

É com imensa alegria que apresento a você *Leoas – vol. 2: despertando a força interior para o sucesso pessoal e profissional.* Esta obra é uma continuação do legado que começou com o primeiro volume, que já tocou e transformou milhares de vidas no Brasil e ao redor do mundo. A inspiração para este livro nasceu em meu coração, como um chamado para que mais mulheres pudessem descobrir e liberar a força interior que existe dentro de cada uma.

Neste segundo volume, as autoras compartilharam suas experiências e seus conhecimentos de forma única e poderosa. Cada capítulo foi cuidadosamente construído para não apenas inspirar, mas também provocar uma profunda reflexão e, acima de tudo, ação. A leitura desta obra é uma jornada de autodescoberta e empoderamento, que guiará você a assumir novos comportamentos e a tomar decisões alinhadas com a sua verdadeira essência, permitindo que alcance um sucesso que é genuinamente seu, tanto na esfera pessoal quanto na profissional.

Ao navegar pelas páginas deste livro, você sentirá a energia vibrante que permeia cada palavra, uma energia que vem da autenticidade e da verdade de cada autora. Elas abriram seus corações e compartilharam suas histórias, seus desafios, suas vitórias e as lições que aprenderam ao longo do caminho. Essas histórias não são apenas inspiradoras; elas são um convite para que você também possa despertar a **leoa** que há dentro de você e caminhar com confiança em direção ao seu propósito.

Sou profundamente grata à editora Chave Mestra por acreditar neste projeto e por tornar este livro uma realidade, assim como fez com o *Leoas – vol. 1.* A dedicação e o cuidado com que a equipe da editora tratou cada detalhe desta obra são evidentes em cada página, e, por isso, meu agradecimento é eterno.

Que esta leitura seja um divisor de águas na sua vida, assim como foi para todas nós que contribuímos para a criação deste livro. Que você possa descobrir, ou redescobrir, a força que sempre esteve aí dentro e que, a partir disso, sua jornada seja repleta de realizações, sucesso e, acima de tudo, felicidade.

Bem-vinda ao mundo das **leoas**! Que Deus e a sua força interior guiem você sempre.

Com afeto,

Sabrina Dourado

Mãe, esposa, mentora de mulheres, escritora, palestrante, sócia-fundadora do Instituto Além do Conhecimento

@sabrinadourado
+55 (71) 99671-8779

Créditos: @thaismoltini.fotografia.

Adriana Vilas Boas

Mulher, mãe do Gabriel, espiritualista, terapeuta.

Conduz mulheres a um despertar. Terapeuta e cocriadora do Frequência Feminina, um grupo de mulheres que buscam acolhimento, suporte mental e emocional.

Graduada em Psicologia, pós-graduada em RH. Formação em *Mentoring*, *Coaching*, *Thetahealing* e Terapias Integrativas. Fez uma transição de carreira após vinte anos no mundo corporativo (RH) e iniciou uma transformação pessoal e profissional.

Em busca de sua essência e cura, mergulhou em uma jornada interna, potencializando seu propósito de encorajar mulheres e expandir sua voz, representando e fortalecendo o resgate do feminino.

Por meio das terapias e da escrita, conecta histórias e mulheres para um olhar integral (corpo-mente-espírito), indicando caminhos de cura e despertar.

recomece.dri

+55 (11) 97383-5020

LEOAS

1

UM MERGULHO INTERNO PARA TRANSBORDAR SUA ESSÊNCIA

Por Adriana Vilas Boas

Quantas vezes na vida você já anulou suas próprias vontades e sentimentos para agradar ao outro? Quantas vezes uma sensação de rejeição ou exclusão invadiu o seu peito? Ou o quanto já se sentiu diminuída ou machucada diante de algo ou alguém?

Ter a voz silenciada. As emoções trancadas. A liberdade abafada. A sexualidade oprimida. O corpo violado. A alma fragmentada. A essência perdida.

Esse é apenas um recorte de dores de mulheres que conheci em minha jornada. Mulheres com diferentes histórias, dores na infância, adolescência, vida adulta, mas que se conectam de alguma forma. Histórias que ouvi com o coração, senti na alma e estendi a mão para saírem da escuridão. Dores essas que eu também senti. Sim, eu já estive nesse lugar.

Essa escuridão parece tão profunda e infinita que assusta. Por isso, é tão comum buscarmos respostas para essas dores do lado de fora, achando que o outro ou algo milagroso pode ser a solução. Até mesmo numa tentativa frustrada de não achar respostas, "adormecemos". Esse adormecer ocorre quando a dor está tão insuportável que a única saída é soterrá-la e viver de uma forma superficial, buscando subterfúgios que nos façam esquecer.

Vícios, excessos, prazeres temporários são mecanismos que o nosso corpo encontra para fugir da dor. Eu estive nesse lugar também, acreditando que estar "anestesiada" me aliviaria e eu teria uma vida plena. Até perceber que era mera ilusão. Afinal, esses recursos só nos distanciam de quem somos, causam uma desconexão com a nossa essência e um dia essa dor se manifesta.

E essa manifestação é um grito, um pedido suplicante do nosso corpo por um "basta" que surge por meio de doenças físicas, depressão, conflitos internos, emocionais, espirituais ou um vazio avassalador. Afinal, a ferida ainda está lá, mal cicatrizada, e sangra toda vez que algo faz lembrar do que você insiste em esquecer.

Em minha jornada, a virada de chave foi quando percebi que precisava parar de buscar fora o que estava dentro. Um mergulho interno. Sim, mergulhar em nossas profundezas e encarar as sombras é o caminho mais desafiador, mas talvez o mais surpreendente. E essa foi a luz que encontrei para sair da escuridão. Parece contraditório: **descer até o nível mais profundo do meu ser me leva até a luz?**

Por mais estranho que soe, foi assim que encontrei a minha verdade. Quem eu sou? Qual é a minha essência? O que me faz vibrar? Como curar dores que insistem em me assombrar?

Eu quis amadurecer rápido. Ser independente, livre. E vivi com muita intensidade, uma pressa interna para chegar a lugar algum. Lutava para me "enquadrar". Mal sabia que eu estava me "deformando para caber" em espaços que me eram apresentados. Travei uma batalha comigo mesma.

Silenciei minha voz, guardei minha essência numa "caixa com cadeado". Aquela vontade de ser livre e encontrar minha verdade foi anulada e só dei espaço para a mulher que se achava madura, se comportando dentro de papéis esperados pela sociedade. Em um momento da minha vida, lá estava eu, com uma carreira em ascensão, um casamento estável, casa própria e uma sensação de segurança. No entanto, aquela dor ainda estava ali, eu nem a convidava, mas ela entrava sem pedir licença.

O sonho de ser mãe parecia ser a cura para minhas dores. Gerar um filho em meu ventre foi um dos momentos mais lindos que vivi. A maternidade é dual, abençoada e intensa. Foi a partir daí que compreendi o tal amor incondicional, pois mesmo sendo desafiadora, a doação materna é eterna e genuína.

Mas, lembra-se dos papéis esperados pela sociedade? Eu queria ser o arquétipo da guerreira, a profissional excelente, a filha compreensiva, a esposa dedicada, a melhor mãe do mundo! Aquela que dá conta de tudo e que salva todos. E acreditava que o tempo e a vida acelerada curariam minhas dores. Rota equivocada. Hoje, tenho consciência de que tudo o que "engolimos" ou reprimimos, o corpo lembra. Guarda as marcas. Um dia ele nos faz parar. E o meu corpo chegou a esse momento.

Aos 33 anos, fui diagnosticada com câncer de intestino. Meu mundo parou. "Por que comigo? E meu filho? Herança genética? Histórico familiar?". Tantas perguntas! Mas, para além disso, era um sinal de que algo precisava ser olhado. As doenças têm causa emocional e essa, por sua vez, está relacionada ao acúmulo de mágoas e ressentimentos.

A doença fez-me pausar por um instante, um período curto, pois apesar de ser surpreendida com ela, também fui abençoada com uma rápida intervenção cirúrgica, apoio de familiares e amigos e uma recuperação acelerada. Como parecia ser tudo na minha vida. Sem pausa. "A vida não pode ser só isso. Tem algo além". Esse pensamento pairava em mim. Belo na teoria, desafiador na prática.

Em um mundo em que a pausa é mal-vista, o descanso é preguiça, a materialidade deve ser priorizada e a autenticidade deixada de lado para "sermos aceitas". Como viver de forma diferente? Diante dessas crenças e uma falta de consciência, em pouco tempo retomei padrões antigos: vida acelerada, preocupações, zero estado de presença, doação de tempo e energia para todos, menos para mim.

Não demorou e meu corpo pediu socorro novamente: nódulos em órgãos diferentes, exames intermináveis e lá estava eu, vivendo um caos com todos os papéis que precisava desempenhar. A autocobrança e a culpa só cresciam e o universo sinalizando com holofote que eu deveria rever a rota. Eu sentia que precisava dar um basta. Mas não encontrava forças, pois desconhecia outro caminho possível.

Eu buscava fora o que devia buscar dentro. Essa ausência de força definhava-me, mas era também o início do mergulho mais incrível de minha vida.

Silenciei, senti uma tristeza imensa tomar conta e nada tinha brilho. Mas foi nesse lugar obscuro que uma luz começou a iluminar. Costumo dizer que a cura não é um processo e sim uma jornada. Cada um tem a sua, no seu tempo, à sua forma. O que posso afirmar é que há caminhos possíveis, afinal o universo é vasto de possibilidades, desde que esse mergulho interno de fato aconteça.

Encontrei na meditação um lugar de paz para soltar a mente e ouvir a voz do meu coração. A escrita foi ganhando espaço para dar vazão ao meu sentir e, de forma intuitiva, as palavras começaram a saltar no papel. E você lembra da conexão entre as histórias das mulheres que citei? Esse foi um dos pontos que me conectou a elas. Os textos e as frases que publicava sem pretensão, e ali se identificavam com uma fala, uma frase, uma dor, uma luz.

Comecei a me observar mais e me sintonizar com a natureza, o que me levou a lugares (internamente) desconhecidos, mas com uma sabedoria sagrada que subestimamos em nossa existência. Seus ciclos, a ordem natural das coisas, a força das energias, as medicinas sagradas da floresta. Milagres divinos que nosso olhar tão viciado deixa de ver tal beleza. E isso desperta em nós uma saudade desconhecida, mas uma memória tão familiar que surpreende, são as nossas raízes ancestrais.

Não herdamos somente o DNA dos que vieram antes, nós carregamos memórias emocionais, crenças, traumas e, por vezes, repetimos padrões sem perceber ciclos viciosos que reproduzimos. Honrar a minha ancestralidade, libertando-me das dores e escolhendo um caminho diferente fez parte da minha cura e o resgate dessa sabedoria ganhou forma dentro do meu ser.

Busquei a origem dessas dores e, apesar do passado não voltar, temos o poder de cura em nossas mãos no presente. Despertando a consciência, entendemos que somos capazes de modificar nossas vidas. Acolhendo a nós mesmas e agindo, a cura acontece. Somos a nossa própria medicina.

A coragem fez-se necessária para encerrar ciclos importantes em minha vida, entendendo que ali não era mais o meu lugar. Assim caminhei, e ao passo que respeitava um fim, espaços eram criados em mim para o novo chegar. Soltei, com consciência, alguns papéis e apegos. Despedi-me de uma carreira significativa, de um casamento de anos, da minha casa, de títulos, *status*, coisas, pessoas e lugares. Não por eles, por mim. Não havia espaço para expressar a minha essência. Sinto gratidão, mas eu já não cabia mais ali. E assim o fiz.

Quanto mais soltava, mais eu pertencia. Pertencia a mim, aos meus valores, ao meu lar interno. Renascia a força de uma leoa, que transforma a dor em cura, em propósito, em servir.

Sinto que essa força veio de dentro, das minhas entranhas, de minhas raízes ancestrais, da mulher selvagem que habita em mim. Foi meu despertar. Sinto-me amparada pela espiritualidade, de forma livre. Respeito todas as religiões, mas para mim, a espiritualidade transcende, está para todos. E coloca-me em um lugar de autonomia e responsabilidade pelo meu reto pensar-falar-agir.

Recomecei. Mergulhei em minhas profundezas, encarei medos e dores, mas também acolhi minhas sombras. Curei a minha criança interior, que um dia deixou de brincar, de descobrir com o olhar inocente, porque foi machucada. E ao acolhê-la, abri espaço para a mulher madura chegar, tomar a vida com as próprias mãos, permitir-se viver relações com essência, desempenhar papéis, mas com limites saudáveis.

Fui sabendo de mim aos poucos, recolhendo pedaços, fragmentos de minha alma que fui restaurando e me fortalecendo. Sinto-me inteira. Quem eu sou? Uma mulher que está de passagem, que escolhe servir o que transborda. Uma mulher que honra sua família, mas escolhe libertar-se de expectativas. Uma mãe com forças e fraquezas, mas que escolhe ser exemplo para o meu filho. Uma mulher que escolhe viver uma relação com um amor de alma que engrandece, que escolhe amar o outro como é. E ser amada sendo simplesmente quem é.

Se você chegou até aqui, é porque nossas histórias se conectaram. Saiba que a cura é um caminho totalmente possível e surpreendente. Você só precisa dar o seu basta e a permissão para curar todas as partes de si.

Hoje, estendo a mão para ajudar você que busca esse despertar. Eu aprendo com cada história e sigo nessa jornada, curando e sendo curada, de dentro para fora. Mergulhe para transbordar!

Referência

MATÉ, G. **O mito do normal**. Rio de Janeiro: Sextante, 2023.

"Eu buscava fora o que estava dentro. Fui sabendo de mim aos poucos, recolhendo pedaços, fragmentos da alma que restaurei. Sinto-me inteira."

Adriana Vilas Boas

Alaise Matos

Sou Alaise Matos, natural de Londrina/PR, resido em Aracaju/SE. Mãe de Alan Jones, Priscilla e Ane Luíse, e avó de Leonardo, Maria Luísa e Maria Antonela.

Sou palestrante, máster em Programação Neurolinguística, máster *coach* integral sistêmica, terapeuta de Germânica Heilkunde, criadora da Sessão de Sementes de Esperança, mentora, escritora, especialista no desenvolvimento da base do ser humano e advogada de direito sucessório.

As vivências ao longo da minha história até o momento deste capítulo lapidaram o meu ser, fizeram eu me sentir como uma leoa, que não se intimida com as adversidades, seguindo com coragem, determinação, disciplina e saindo sempre da zona de conforto, indo à caça de novos horizontes.

Colher e acatar o aprendizado das minhas lições têm proporcionado a minha evolução de ser uma pessoa mais assertiva e sentindo que, quanto mais foco no servir, mais evoluo.

alaisematos

+55 (79) 99125-2504

alaisematosautoamor@gmail.com

2 SUPERANDO A SI MESMO E EVOLUINDO COMO SER HUMANO

Por Alaise Matos

Este capítulo traz o resultado das minhas reflexões sobre o que aprendi com as vivências proporcionadas pelas tarefas da vida. Essas lições serviram para o reconhecimento das minhas emoções no cotidiano, que me possibilitam a manter o equilíbrio na maior parte do tempo, mesmo nas situações desagradáveis, indesejadas e não previstas, essa maturidade eleva o meu grau de evolução.

Estar consciente do bem viver da vida e de si mesmo, superando as adversidades, utilizando o aprendizado, vivendo o máximo possível no presente, apreciando ou executando uma coisa de cada vez é a principal meta a ser alcançada. É preciso ter o discernimento que vivenciar momentos difíceis é a oportunidade de aprender mais e desenvolver a tolerância. Seja grato por tudo.

Na percepção da minha vivência, aprendi como melhorar os hábitos e ter um novo olhar diante das dificuldades

Primeiramente, acolha a humildade, a gratidão, a compaixão, a gentileza de fazer o bem, despretensiosamente e, por final, o amor como caminho para a verdadeira paz de espírito, fazendo florescer o bem-estar da felicidade com mais frequência.

Faça o possível para ser um ser humano que se eleva dia a dia, conhecendo a si mesmo, influenciando e promovendo o amor a quem está no seu entorno, dando condições para que um maior número de pessoas também possa fazer o mesmo.

Busque a superação vencendo a si mesmo, gradativamente, sendo lapidado pelos obstáculos da vida para desenvolver-se como um ser humano melhor a cada dia. A evolução do seu olhar sobre o que acontece no mundo é o início de seus passos para o real entendimento da sua natureza interna. Vencer a nós mesmos nos faz compreender que tudo pode ser mais claro e objetivo quando entendemos que os desafios podem ser superados por meio da nossa mudança de entendimento e, principalmente, de atitude.

Imaginar-se pleno consigo mesmo fortalece o poder de blindar os seus sentimentos de ser atingido pelas flechas lançadas, seja por casos fortuitos ou por pessoas, evitando emoções que trazem instantaneamente reações indesejadas. Então, você vislumbra esse caminho que proporcionará a serenidade, e, é uma jornada, demorada, difícil e árdua, mas não é impossível de ser conquistada.

Sua mente precisa refletir sobre a diferença da alegria e da felicidade, como também, da perfeição e da excelência.

A alegria é uma emoção que dura segundos, ela está presente na sua emoção, tem a ver com pessoa, lugar, poder, bens materiais e dinheiro. A felicidade é um sentimento singular da paz da alma, que transmite um bem-estar inexplicável, tem a ver com acesso a um sentimento interno e independe das condições externas. É o seu estado real, sendo o que você é. Para vivenciá-la, você precisa desligar-se de todo o resto, sem apego a nada.

O perfeito simplesmente não existe, vencer a si mesmo não é fazer algo perfeito. A excelência é buscar o melhor resultado possível dentro de suas próprias capacidades e condições, vencendo o seus próprios limites e frustrações e tendo como lema constante: "hoje estou melhor que ontem."

"Quem vence a si mesmo é invencível." (Lao-Tsé, s.d.)

Alguns aspectos do processo de superar a si mesmo, seus desafios, suas dificuldades e suas soluções

Devido a sua mente ser viciada no "eu sou isso" ou "eu sou aquilo", sem saber onde se posicionar, com medo da perda, paralisando por imaginar o julgamento de outras pessoas e ansiando pelo ganho, gerando uma frustração, você acaba sofrendo. Coloque a vida no centro do seu processo de aprendizagem e a Bíblia como facilitadora.

Você está e estará sujeito como todos, a dias bons e a dias ruins, isso é o fluxo da vida, vivendo num mundo onde não pode controlar nada, com exceção da sua reação face aos acontecimentos. O maior obstáculo é o foco na importância que você se dá para cada uma das adversidades, que surgem no seu cotidiano. Entenda que uma faísca do amor de Deus faz parte do seu coração, então, a cada batalha, tenha em mente que existe a solução, enfrentando com humildade de não saber tudo, com a simplicidade, eliminando o perfeccionismo e, com determinação persistente, logrará o êxito.

Quando você cria uma expectativa muito alta sobre o sucesso, elimina o seu equilíbrio e passa a querer possuí-lo a qualquer custo, sem refletir sobre o preço alto a se pagar. Retire o sucesso da extremidade e sinta-o como um servir ao maior número de pessoas. É de suma importância perceber que o falso "eu" tem que ser abandonado, para que o eu verdadeiro possa ser encontrado.

É uma ilusão culpar os outros pelos seus desconfortos ou seus fracassos ou as situações desfavoráveis que acontecem com você. Também não relacione aos fatores externos. Tudo que acontece a você é de sua total responsabilidade, porém, lembre-se que cabe exclusivamente a você mudar suas atitudes, seus pensamentos, suas escolhas, para que consiga a transformação.

Você sabe que os significados traçam e determinam seu destino e que ele é a interpretação que dá aos fatos. Para ter um melhor entendimento sobre autorresponsabilidade, responda as perguntas e reflita: O que é um fato? O que você traz para utilizar na interpretação? De quem é a responsabilidade do significado dessa interpretação?

É imprescindível frisar que se continuar colocando a felicidade na dependência de objetos, relações ou situações externas, você ficará suscetível a decepções e desilusões futuras, devido à finitude dos materiais, das relações e da própria vida.

Se em um relacionamento amoroso você crê que a felicidade se encontra no seu par ideal, remetendo a responsabilidade da sua felicidade à outra pessoa, pode ter a certeza de que esse relacionamento será fadado ao fracasso. Nenhum relacionamento sustenta-se se um ou ambos tiverem esse tipo de pensamento e sentimento. Analise e tire suas próprias conclusões.

Conhecer o próximo é ativar a inteligência do bem viver, conhecer a si mesmo é sabedoria de estar bem consigo mesmo. A superação do seu próprio ser é seu melhor amigo. Assim, terá a consciência pura que essa é a chave para a sua trajetória, se quiser realmente viver a vida e não simplesmente existir. "Conhece-te a ti mesmo e conhecerás o universo" (Sócrates, 479-399 a.C.). Se quer conhecer o que existe, em primeiro lugar tem que se conhecer.

Elimine suas crenças negativas, que tanto impedem o seu desenvolvimento. O diálogo consigo mesmo ou com um especialista, possui um fantástico poder curativo por meio da ressignificação, capaz de restaurar as raízes negativas de suas experiências, dissolvendo suas mágoas com o perdão e descobrindo os valores que existem no seu coração.

Encontre o que faz ter o exacerbado sentimento materialista, potencializando o seu egoísmo, tornando-se angustiado interiormente por falta de algo e, inconscientemente, no sentido de camuflar essa falta. Cada um anestesia-se para não sentir a dor, há o vazio existencial, a falta de algo valendo-se da compulsão alimentar, consumismo, e outras formas variadas de materialismo.

Você analisou o porquê e para quê ao longo da vida tem se preocupado com as questões imediatas de sobrevivência e satisfação de prazeres. Como tem programado sua vida para não sair do fluxo da sociedade, como estudar para ser posicionar no mundo, constituir uma família ter filhos e depois aposentar-se, cuidar dos netos e desfrutar o que não teve tempo de fazer antes.

Coloque no papel quanto tempo: você tem passado pensando exclusivamente em questões materiais, em adquirir o carro novo, a roupa nova, o apartamento novo ou qualquer outra coisa que deseja comprar; em situações do dia a dia do tipo contas a pagar no final do mês, com a imagem que os outros vão ter de você ou da sua família, procurando maneiras de exibir-se nas redes sociais, remoendo sentimentos negativos em relação a outras pessoas, mágoas, ressentimentos, inveja, impaciência; buscando e falando do negativo das pessoas. Convido você a pensar: esse tempo poderia estar sendo utilizado para atividades úteis ou para reflexão sobre si mesmo?

A sua escolha define a vida que vai ter e, muitas vezes, você deixa outras pessoas, a mídia, ou até mesmo que a sociedade façam essas escolhas por você.

Exigir respeito dos outros é inútil, você precisa aprender a merecê-lo, sendo sincero, respeitoso, gentil e retribuindo as ajudas recebidas sendo obrigatórias ou não, será sempre tratado com respeito. Coopere sempre quando alguém tentar ajudá-lo.

Um ser humano evoluído é generoso mesmo quando é ferido porque não é suscetível a uma fraqueza que acessa a raiva com facilidade, tornando em um hábito destruidor da paz, que elimina o seu autocontrole. E quem tem o autocontrole é o senhor de si.

Toda crítica é um ganho, sendo ela construtiva ou não. Quando construtiva o ganho é o aprendizado de fazer ainda melhor e, não sendo construtiva, você fica mais forte eliminando a autopiedade. Analise: se ficar desconfortável é resultado da sua suscetibilidade aos comentários de outras pessoas e não à crítica em si. Faça uma experiência: passe a ficar indiferente à crítica e retribua agradecendo.

Já parou para pensar e se questionar: o que vem após realizar-se profissionalmente e adquirir os bens materiais desejados, e mesmo assim sentir um vazio percebendo a falta de algo mais, como um sentimento maior de existência e começa a buscar por respostas para as perguntas: Quem eu sou? De onde eu venho e para onde eu vou? Por que preciso vivenciar a estadia no mundo? Qual o propósito para existir?

O processo do autoamor muda como uma pessoa interage ao que acontece no mundo e com as outras pessoas, passando a compreender a necessidade de tudo que aconteceu e irá acontecer na sua vida, abrindo a possibilidade para conhecer e aprender novas coisas.

Viva sua própria experiência, refletindo e pensando sobre o que foi mencionado neste capítulo.

Seja feliz e amplie a sua visão para as soluções. O segredo é focar no 50% positivo que existe em qualquer pessoa ou adversidade.

Referências

LAO-TSÉ. **Tao-Te Ching:** o livro do caminho e da virtude. [*s.l.*]: Pensamento; Nova Acrópole, [*s.d.*].

SÓCRATES. **Guia do Estudante**, [*s.l.*], 16 ago. 2017. Disponível em: https://guiadoestudante.abril.com.br/especiais/socrates/. Acesso em: 6 set. 2024.

"A superação de si mesmo
é controlar sua reação
diante das adversidades."

Alaise Matos

Ana Garrido

Sou Ana Garrido, paulista de coração e mineira por opção. Vivo com meu marido e filho em Nova Lima/MG, onde, além de trabalhar bastante, construímos a casa dos nossos sonhos e vivemos com muita paz e satisfação.

Formada em Administração e com MBA em Desenvolvimento Humano, minha trajetória profissional começou aos 12 anos e é marcada por uma experiência diversificada, com várias especializações e certificações ao longo do caminho. Minhas principais conquistas estão no mercado financeiro, refletindo minha dedicação e paixão pelo setor.

Atualmente, estou focada em transformar vidas, por meio da educação financeira, ajudando as pessoas a fazerem as escolhas certas para alcançarem seus objetivos e viverem cheias de realizações.

mediz_anacris

+55 (31) 99442-0234

Ana Garrido, CFP®

LEOAS

3

A GRANDE VIRADA: COMO REESCREVI MINHA HISTÓRIA

Por Ana Garrido

Desejo que você leia este capítulo com a mesma intensidade e emoção que senti ao escrevê-lo. Prepare-se para a jornada que estou prestes a compartilhar com você – a jornada de alguém que, desde o nascimento, estava destinada a lutar.

Eu nasci com o umbigo enrolado no pescoço. Não sei exatamente o que isso significa, mas, para mim, sempre foi um sinal de que comecei a vida enfrentando desafios, mesmo antes de dar o primeiro suspiro. A sensação de inadequação e o sentimento de que algo estava errado sempre me acompanharam. Eu carregava uma amargura que se escondia atrás de um sorriso doce e gentil. Na realidade, eu era uma pessoa revoltada, cheia de ressentimento e mágoa.

Durante muitos anos, fui cruel comigo e com muitas pessoas ao meu redor. Confesso que machuquei, magoei, pisei e nem me ressenti, pelo contrário... Diante de tudo isso, eu sorri! Achava que estava certa, tinha de me proteger do mal que me cercava, das pessoas disfarçadas, das mentiras contadas e do ambiente hostil em que eu estava. Culpava a tudo e a todos, nada escapava da minha ira. Meus pais, a sociedade, a falta de oportunidades. As circunstâncias, minhas frustrações e dores, meus dissabores. Culpava a Deus e discutia até com Ele, dizendo que privilegiava alguns enquanto me deixava largada e abandonada no fundo do poço. Era exatamente no fundo de um poço sem fim que eu me encontrava, incapaz de ver qualquer valor em mim mesma.

Com muitas feridas abertas, lágrimas derramadas e o coração dilacerado, o ciclo de devastação se repetia, se repetia e se repetia... Eu me sentia em uma espiral de destruição. As rasteiras que eu levava eram cada vez mais fortes, mais brutais, e as quedas, mais profundas. Arruinei todas as possibilidades de receber amor; eu só colhia dor.

O vazio dentro de mim era imenso e eu me isolava cada vez mais. Houve momentos em que desejei tirar minha própria vida, não via motivos ou sentido para continuar. Na minha percepção, o mundo não era gentil e estava longe de ser um lugar acolhedor para mim. Eu não me encaixava em nada, não era boa em nada e não tinha nada... Sentia-me sem nada. Sem nada e nem ninguém!

Até o dia em que esse alguém, de que eu tanto precisava – sem saber – e esse amor que eu implorava para receber, mas me recusava a oferecer, me tomou de mim mesma e me fez confrontar tudo que eu evitava. Foi em abril do ano de 2000, eu tinha 16 anos e estava grávida de um menino. Ele veio como um choque que primeiro me estremeceu, me assustou, me alarmou, me virou do avesso, mas depois me transbordou e tudo mudou!

Foi quando percebi que, até ali, eu havia causado e aceitado viver toda essa dor. Estava conformada de que nada de bom aconteceria para mim e, de certa forma, não tinha nenhuma expectativa ou esperança de mudança. Mas, a partir do momento em que esse amor se materializou no som das batidas daquele segundo coração que pulsava dentro de mim, não dava mais para ser da mesma forma. O mundo que eu via em preto e branco tinha que se transformar em um lugar colorido, feliz e encantador para aquele ser que me habitava, e eu estava disposta a fazer qualquer coisa por isso.

Não foi nada simples, nem fácil; foi um longo processo de redescoberta e aprendizado. Afinal, eu ainda era uma menina, que não tinha nada a oferecer e que não sabia para onde correr. Mas algo importante já havia mudado: o meu coração, a minha percepção e a vontade de fazer acontecer. E fazer do jeito certo, pelo motivo certo!

Enquanto algumas pessoas me julgavam e apedrejavam, sentiam dó, decepção e rejeição, eu olhava apenas para o futuro e pensava como construiria um mundo diferente do meu para o meu filho. Eu precisei calar muitas vozes que me diziam que a vida tinha acabado e que eu não teria futuro algum. Calei, inclusive, a minha própria voz para acessar a força, o amor e aquela determinação potente que estavam gritando na minha alma.

Eu sabia que, para começar, eu teria de consertar as coisas que estavam quebradas – e eram muitas! E a primeira coisa que fiz foi me responsabilizar por tudo que tinha acontecido comigo. Precisei parar de me vitimizar, olhar de fora e de fato me enxergar, identificar o que era culpa minha e parar de culpar os outros. Esse processo dói, mas também liberta! Quando culpamos o outro, damos a ele o poder sobre nós, mas, quando nos responsabilizamos e entendemos que tudo é consequência do que fazemos e permitimos, tomamos mais cuidado com nossas escolhas e, consequentemente, mudamos a nossa rota.

Depois das falhas reconhecidas, eu precisei mudar de ambiente. Como poderia ser um bom exemplo, andando com as pessoas erradas? Como ensinaria meu filho sobre valores, aplaudindo amigos que roubavam, usavam drogas e estavam, em sua maioria, perdidos na criminalidade? Mesmo que eu nunca tivesse feito nada daquilo, entendi que eu também levava o rótulo das pessoas que eu escolhia ter por perto, e que essas pessoas tinham o poder de me limitar ou me elevar. Naquele momento, meu círculo social era vergonhoso, não podia apresentá-lo ao meu filho, então me afastei.

Ao me afastar daquelas pessoas, aproximei-me de Deus. Foi um encontro lindo e Ele se tornou meu melhor amigo! Algumas coisas começaram a acontecer e eu não conseguia entender ou explicar; eram coisas boas que eu não estava acostumada a vivenciar.

Anos se passaram, muitas coisas mudaram e alguns anjos apareceram, não com asas enormes como eu imaginava, mas como pessoas reais que me acolheram e me amaram. E quando me perguntava o porquê, querendo compreender... Lembrei-me de uma frase dita muitas vezes pelo meu pai: "Deus, olhai as intenções existentes no coração de cada um, porque mesmo não ditas, Tu as conhece".

Ao me lembrar dessa frase, muitos outros ensinamentos dos meus pais foram recordados. Pude refletir sobre o que eles sonharam para mim, sobre o tanto que se esforçaram para me dar o melhor que tinham e serem o melhor que podiam, mas em momento algum eu retribuí. Compreendi que eu mesma os pintei de monstros e os julguei o tempo todo, os afastei de mim, quando na verdade eles só estavam sendo meus pais e tentando me mostrar o caminho. Aprendi que toda e qualquer situação tem várias perspectivas e que eu precisava olhar de outro ângulo. Assim, todas as críticas relacionadas à criação rígida que eu tive perderam força. O que estava evidente era o tanto que eu queria me reaproximar, voltar para o ninho e me redimir.

Pedi perdão de joelhos, em prantos. Ainda de joelhos, cabeça baixa, sentindo arrependimento e ao mesmo tempo gratidão por estarem ali, coloquei a música "Aba Pai", canção de Ana Paula Valadão e Diante do Trono, para ouvirmos juntos em silêncio. Foi assim que consegui mostrar aos meus pais que eu era uma pessoa diferente depois de, aproximadamente, quatro anos sem contato com eles. Eu queria que eles soubessem que eu tinha mudado e que dentro de mim havia princípios profundos que eles tinham plantado. Eu tinha que mostrar que os amava e que os desejava em minha vida e na vida do meu filho, Kauan. Eles prontamente me deram uma segunda chance.

Apesar de reconhecer toda a transformação que acontecera até aqui, ainda me preocupava e perdia o sono pensando nas coisas que eu queria para o meu filho e não tinha condições de proporcionar. Eu sonhava em colocá-lo em uma escola particular, em levá-lo para a Disney, em vê-lo conquistando o mundo e se desenvolvendo. Mas meu salário era pequeno, eu me mantinha sozinha, sem estudos, vivia contando moedas e, por muitas vezes, não dava nem para comer ou vestir... quem dirá se divertir! Como poderia mudar isso?

Comecei a observar padrões de pessoas bem-sucedidas e percebi que elas estudavam bastante. "Ah, é isso... Tenho que estudar!". Não tinha como pagar uma faculdade, então fui atrás de bolsa de estudos e insisti nisso até conseguir. Aqui, experimentei o poder da persistência e da força de vontade: quando você realmente quer uma coisa, você se esforça e não para até conseguir.

A faculdade trouxe-me muitas possibilidades e a vida começou a ficar mais confortável. Mudei de emprego e, em seguida, o Kauan foi para uma escola particular (uma das melhores, inclusive). Comprei meu primeiro carro, meu primeiro apartamento, e os sonhos começaram a ficar cada vez maiores.

Mas eu ainda tinha um vazio dentro de mim; não me sentia completa. Queria alguém para dividir a jornada, e esse alguém tinha que ser muito especial. O Kauan estava com 11 anos quando o Thiago entrou na minha vida e me conquistou com seu coração nobre e bondoso. Na verdade, ele conquistou a todos! Estamos juntos há treze anos e, desde o primeiro momento em que o vi, soube que ele era a resposta das minhas orações. Ele é muito mais do que pedi a Deus, muito mais do que poderia imaginar! Com ele ao meu lado, a vida ganhou um novo sentido.

Essa nova fase também trouxe grandes conquistas para minha carreira, especialmente durante os quinze anos em que atuei no mercado financeiro. Hoje, combino minha experiência profissional e pessoal para inspirar e apoiar mulheres a trilharem seus próprios caminhos rumo a uma vida confortável, feliz e repleta de sonhos realizados. Dizem por aí que não dá para ter tudo, mas eu lhe digo: é claro que dá. Dá, sim!

Hoje, a vida sorri para mim e eu sorrio de volta. Com um sorriso verdadeiro e iluminado que vem de dentro para fora. Hoje, vivo em um patamar que nunca ousei sequer cogitar, com uma base forte e alinhada com os pilares que construí: autorresponsabilidade, ambiência, intimidade com Deus, família, conhecimento e liberdade financeira.

O Kauan está com 24 anos, terminando a faculdade. Fomos para a Disney quando ele tinha 15 anos, depois disso, conhecemos mais de quatorze países e tivemos muitas outras aventuras.

Meus pais hoje se orgulham de quem sou.

Thiago e eu somos um. Ele é a minha melhor parte.

E Deus... está aqui comigo, direcionando cada palavra que entra em seu coração e lhe convidando para escrever uma história linda. Eu espero que você aceite o convite, porque não estou escrevendo apenas para compartilhar a minha história, mas para transformar a sua.

"Toda mulher pode ter uma vida extraordinária se realmente desejar e fizer as escolhas certas."

Ana Garrido

Ana Paula Rocha

Sou Ana Paula Rocha, natural de Guarulhos/SP, resido em Amparo/SP, com meu esposo Kleber Giraldi. Sou mãe da linda Leticia Rocha, eles são meus motivos de vida.

Sou psicóloga clínica, com foco em autoestima e controle da ansiedade, atendo mulheres, proporcionando um aumento da sua autoconfiança. Com MBA em Psicologia Organizacional, transformo líderes e times com mais autoconfiança para suas entregas. Pós-graduada em Psicologia Organizacional pela PUC/RS, utilizo a Teoria Cognitivo-Comportamental (TCC).

A minha história de vida, assim como a sua, foi de muitos desafios e superação, escolhas difíceis e coragem. A busca pelo meu autoconhecimento trouxe-me a este lugar de hoje.

psico.anapaula.rocha
+55 (19) 99285-2788
psicoanapaularocha.aplikbusiness.com

LEOAS

4

VOCÊ MAIS AUTOCONFIANTE E MENOS ANSIOSA

Por Ana Paula Rocha

Neste capítulo, você encontrará cinco dicas para ter mais autoconfiança e melhorar consideravelmente suas crises de ansiedade, podendo desfrutar com mais prazer e alegria suas escolhas de vida.

Certamente já passou por momentos em que se sentiu paralisada frente ao medo e à insegurança, isso quase sempre acontece quando temos uma decisão importante para tomar. Em nossa vida, os caminhos vão se abrindo e diante de nossos olhos as bifurcações aparecem, dando-nos oportunidades de seguir por um dos lados. É nesse momento que, muitas vezes, a insegurança bate e o medo paralisa nossa decisão.

Eu sei o que é se sentir assim, porque algumas vezes, ao longo da minha jornada, deparei-me exatamente com essa situação. Dentre diversas delas que rodearam minha jornada, escolhi falar de uma que aconteceu há exatos oito anos.

Eu morava em Guarulhos/SP com meus pais e minha filha Leticia, que na época estava com 16 anos. Deparei-me com a frustração de estar sem emprego, abrindo um parêntese, trabalhava como gestora de RH, traçando o caminho da psicologia organizacional; diante desse desafio e na busca de uma nova oportunidade, fui convidada a trabalhar em uma empresa situada na cidade de Amparo/SP.

Pronto, aqui se abriu a primeira bifurcação diante dos meus olhos: mudar de cidade ou ficar na mesma. À primeira vista, gostei da proposta e sempre tive vontade de sair de Guarulhos para uma cidade do interior, porém, havia uma rotina e pessoas importantes envolvidas. O que começou a impactar, de fato, não eram as situações da rotina e sim minhas vozes internas, oriundas do medo e da insegurança, que começaram a ser os protagonistas dessa decisão. Meus pensamentos dominantes eram:

- "Você não conhece ninguém nesta cidade!";
- "Você vai conseguir levar sua filha adolescente com você?";
- "E se sua filha não quiser ir com você? Com quem ela vai ficar, com o pai ou com os avós?";
- "Você vai dar esse trabalho de cuidar dela para seus pais?";
- "Você só está pensando em você, sua egoísta...".

É, minhas queridas leitoras, meus pensamentos nunca foram gentis comigo. E aqui foram alguns poucos exemplos dos muitos pensamentos cruéis e paralisantes que eu tinha.

Eu tinha prazo para essa decisão, tratava-se de uma proposta de emprego e vocês sabem que, geralmente, é urgente a necessidade das empresas e eu não podia estar naquele lugar de insegurança e procrastinação, porque ele me custaria, naquele momento, o futuro e a fonte de renda que me era necessária para criar minha filha.

A saída do lugar sombrio

Foi então que a psicóloga clínica passou a assumir o comando e viu que era hora de pedir ajuda. E foi experimentando as escolhas e sentimentos de ficar paralisada ou de resolver me movimentar que analisei e me especializei em ansiedade e autoconhecimento. Sim, queridas leitoras, eu fui pedir ajuda à própria ciência da Psicologia e encontrar ferramentas que pudessem me tirar desse lugar que chamei de sombrio, pois eu estava paralisada em frente aos dois caminhos que se apresentavam para mim.

O medo

É sabido que o medo paralisa e que a atuação dele está diretamente ligada ao risco. Desde os primórdios de nossa existência, o medo é desencadeado pela situação de perigo, sendo ela real ou imaginária. Resolvi aceitar aquela condição de que eu estava com medo, real ou imaginário ele estava ali, sinalizando que eu estava em perigo. Aceitar que eu estava com essa sensação de ameaça era importante para que eu pudesse cuidar dos próximos passos. Negar que se está com medo pode agravar e trazer consequências ainda mais doloridas como ansiedade e angústia fora do controle.

Foi então que comecei a aplicar o conceito do questionamento: "Será que esse medo é real?". O segredo aqui é compreender o que, de fato, estava acontecendo, se era uma situação mesmo de perigo ou eram as vozes da minha insegurança dominando. A terapia ajuda nessa descoberta. Dentro desse caminho, encontrei um outro ponto que precisava encarar e olhar de frente: a insegurança.

A insegurança

Todas nós temos e convivemos com a insegurança, assim como vivemos com a segurança, ambas são naturais do ser humano. No entanto, quando a insegurança passa a ser protagonista e ganhar proporções exageradas e constantes, pode trazer diversos prejuízos. Ela nos impede de continuar a trajetória e traz pensamentos muito agressivos e prejudiciais para nosso funcionamento emocional.

Para ficar mais claro, vou colocar aqui alguns exemplos clássicos de insegurança, e com certeza você vai se identificar com alguns deles:

- sensação de não merecimento ("Isso não deve ser pra mim, eu não mereço coisas boas");
- baixa autoestima;
- medo dos julgamentos ("O que as pessoas vão pensar de mim?");
- pessimismo.

Existem ainda inúmeros outros exemplos, todos eles nos levam para uma procrastinação, um adiamento de tomada de decisão.

A procrastinação

É uma decisão de adiamento intencional de algo importante. Isso mesmo, queridas leitoras, uma decisão de adiar consciente, muito em função da complexidade que essa decisão carrega. Esse caminho todo, o qual já percorremos aqui, o medo, com uma insegurança alta, tem o poder de nos levar à procrastinação. Procrastinada estava eu naquele lugar de indecisão: "Vou ou não vou mudar de cidade e recomeçar?". O que me levou a sentir que minhas emoções estavam em descontrole e a ansiedade tomou conta e passou a ser a nova protagonista.

A ansiedade

Ela também é uma emoção natural de todo ser humano e quando está em equilíbrio nos ajuda a executar nossas atividades com disposição, motivação e energia. O problema é quando ela sai do controle, trazendo inúmeros sintomas mentais e físicos, podendo agravar para crises intensas as quais é necessária intervenção medicamentosa e tratamento psicológico.

Alguns sintomas são:

- taquicardia (coração acelerado);
- dor no peito;
- dificuldade para dormir ou sono excessivo;
- tristeza;
- sensação de que algo ruim pode acontecer.

Esses são alguns, entre outros sintomas, que abalam nossa qualidade de vida.

A saída

Para se concretizar o caminho para a saída desse lugar, passei a olhar com mais aceitação, compaixão e atenção para todo esse processo que estava se passando comigo. Já me sentia em movimento, não estava mais paralisada naquele lugar.

Após esses três novos passos que trilhei e vou deixar em destaque, encontrei finalmente a saída.

Aceitação → Compaixão → Atenção

Com as cinco dicas que vou escrever aqui, consegui tomar uma das decisões mais importantes da minha vida, porque elas me fizeram ter mais autoconfiança e também me ajudaram para que eu pudesse administrar a ansiedade que toda essa fase me fazia sentir.

1. Questionar os pensamentos negativos, que sempre vinham com aquele frio na barriga, oriundos do medo. Eram de fato reais ou ilusão?

2. Resgatar em minhas memórias minhas decisões acertadas. Quais experiências positivas você coleciona? O que já deu certo na sua vida até agora?

3. Respirar e voltar para o momento presente. Viver ansiosa, às vezes, significa que você está sempre no futuro, projetando catástrofes. Faça pausas diárias e foque na sua respiração. Inspire, contando até três e expire pausadamente, também contando até três.

4. Sonhos, o que eu sonhava em ter e fazer. Quais são seus sonhos? Crie uma lista com seus sonhos, encontre imagens que os representem.

5. Qual era meu grande motivo de viver, minha motivação diária? Descobri que era minha filha/família. Quem são seus motivos de continuar?

Dito isso e com essas dicas para praticar, eu tenho uma última chave para compartilhar: **seja uma mulher "mão na massa"**, execute essas cinco dicas para entender como esse processo funciona para você e tire ainda mais aprendizados a partir dessa experiência.

Eu segui esse caminho e estou aqui para lhe mostrar que não só é possível, como é libertador. Tomei a decisão após esses passos de seguir em frente aceitando a proposta de emprego e também a mudança de cidade e de vida. E quer saber? Foi a melhor decisão que tomei! Cresci profissionalmente, amadureci como mãe, tornei-me esposa. E hoje compartilho com você uma história real de muitos desafios, mas também de muitas alegrias.

Eu convido vocês agora, a pegarem um papel, caderno ou agenda e tomarem nota do que fez mais sentido para vocês neste capítulo, não procrastinem logo agora, queridas leitoras.

A vida ainda segue seu curso, todos os dias deparo-me com novas decisões difíceis e desafiadoras. Porém, não deixo que o medo me paralise, que a ansiedade tome conta do meu presente. É sobre seguir em frente escolhendo ser feliz no meio desta jornada. Se eu posso, tenho certeza de que vocês também podem e vão conseguir.

Eu me sinto mais autoconfiante e quero agora fazer a vocês mais um convite: entrem em contato comigo por meio de minhas redes sociais, eu quero pegar na sua mão para ajudar vocês nessa caminhada, vamos juntas, rumo a ter mais qualidade de vida, sendo mulheres mais autoconfiantes e podendo desfrutar das escolhas dessa nossa vida, com mais alegria e sobretudo com mais presença no nosso presente.

"Escolhas difíceis são atos de coragem; você escolhe pelo difícil e movimenta-se nesse sentido. Acredite que é possível, e será incrível!"

Ana Paula Rocha

Créditos: @vidafotografiaa.

Ana Rafaele

Sou Ana Rafaele, cristã, do Ministério Leão de Judá, casada, mãe de *pet*, dinda do Bento, da Sophia e da Yasmin, apaixonada por café, trilheira, boxeadora, empresária na AR Moda Fitness, palestrante de empreendedorismo, apresentadora do podcast Leão de Judá.

Participante do empretec Sebrae, transformando vidas por meio de *networking* pelo grupo Unions, gestora de projetos Fernando Muguet, estudante de Relações Internacionais na Estácio de Sá.

anarafaele96

ar_modafitnesss

+55 (21) 97924-7206

podcast_leaodejuda

anarafaele26@gmail.com

LEOAS

5 RECALCULANDO A ROTA

Por Ana Rafaele

O GPS serve para a localização de pontos na superfície terrestre. O sistema é capaz de fornecer, com precisão, informações referentes à posição de pessoas e de lugares em qualquer área ou região do nosso planeta.

O GPS foi criado para exatamente isto: levar-nos de um ponto a outro com precisão. Então por que, com toda essa tecnologia, quando você menos espera, ele falha?

Eu sou péssima com GPS. Quem nunca ficou com medo toda vez que passa do local indicado e, instantaneamente, ele recalcula a rota? No início, você fica muito desesperado(a), por medo de não conseguir chegar ao local de destino. A sensação de medo toma conta quase que de imediato. A cabeça fica a mil, mas é preciso confiar que o GPS vai recalcular a rota e levar você ao seu destino.

A nossa vida é como um grande GPS: definimos nossos destinos, mas muitas vezes não estamos preparados para os desafios da estrada. Nesta estrada, existem muitos percalços e diversos desafios. Às vezes, ele nos leva ao lugar que precisamos e por hora ele nos faz recalcular a rota para chegar ao destino. Na nossa vida não é diferente, podemos fazer todos os cálculos, verificar todas as rotas e planejar e, mesmo com todo esse cuidado, um dia você vai precisar recalcular uma nova trajetória.

Como bons brasileiros, é-nos ensinado a nunca desistir, "somos brasileiros e nunca desistimos". Eu levei a sério essa frase a vida toda e por esse motivo demorei muito tempo a viver os verdadeiros sonhos de Deus na minha vida.

Aqui começa uma jornada de transformação gigantesca, quando aprendi que fazer uma nova rota também é seguir um novo caminho, e pode ser a melhor escolha.

O que pretendo com este capítulo é fazer com que você olhe para sua vida sobre outra perspectiva. Esse olhar de 360º pode mudar sua trajetória e sua história para sempre. Assim como foi na minha vida, depois que resolvi explorar novas rotas pelo caminho.

Mudar nem sempre é fácil, não foi fácil para mim. Durante muito tempo não quis abrir mão daquilo que para mim era o certo, mesmo que estivesse doendo, me ferindo, mesmo que não valesse a pena financeiramente, mesmo que ferisse o meu amor-próprio, no entanto, mantive tudo isso por medo de parecer fraca, que era o maior medo do meu coração. Tolice minha, pois não importa em qual posição você se encontre, sempre terá alguém para tentar lhe diminuir ou julgar.

Todo este capítulo é dedicado a você, mulher, que já sofreu algum tipo de dano na sua alma por ser ter sido boa de coração e algumas pessoas abusaram dessa sua bondade. Eu estou aqui para dizer especificamente a você que já sofreu com dores da traição, dores da ingratidão, dores por não se conhecer, e que se permitiu chorar por pessoas que não têm amor por elas mesmas e ferem corações bondosos.

Quero lhe incentivar a ter coragem para dar muitos bastas pelos quais sofreu até hoje. Mude de pessoas, de lugares que não lhe cabem mais, não tenha medo de se colocar em **primeiro lugar**. De onde você jamais deveria ter saído. Assuma o controle dos seus sonhos. A coragem vai lhe fazer conquistar coisas que ninguém conquistou na sua família.

Existem princípios que precisamos entender para que essa coragem brote dentro de nós. O versículo bíblico que está em Romanos 12:2 diz:

> E não sedes conformados com este mundo, mas sedes transformados pela renovação do vosso entendimento, para que experimenteis qual seja a boa, agradável, e perfeita vontade de Deus.

Toda essa transformação tem que começar na nossa mente para acreditarmos que somos muito capazes de alçar voos muito maiores que jamais poderíamos imaginar.

Essa rota que estamos tanto buscando está ligada diretamente com nossa espiritualidade ao nos conectarmos ao divino. Sem esse caminho, nada podemos fazer. Foi esse princípio que ativei na minha vida quando deixei que Jesus fosse a minha rota. Afinal, Ele é o caminho, a verdade e a vida.

Aquilo que você acha que é fracasso, na verdade é uma correção de rota, um aprendizado. A ideia é justamente você trabalhar palavras que lhe transformem sempre para o lado positivo e, então, você poderá dar alguns passos para atrás, ou mudar a trajetória a partir de erros passados.

Mas, Ana, você está me dizendo que tenho que desistir? Não!

A temática aqui é fazer você mudar a direção, talvez mudar o modelo, mudar o público ou o foco. Você já ouviu a expressão "pivotar"? Pivotar é mudar a direção de um negócio mantendo a base que já existia. O termo vem da expressão em inglês "*pivot*", cujo significado em português é "girar", "mover-se em torno do próprio eixo".

Se você estiver passando por diversas situações e tem medo de mudar as direções, seguem aqui algumas dicas:

- reavalie o seu público e o seu posicionamento;
- ajuste a sua comunicação e conteúdo;
- redefina todos seus os meios ou suas formas de lidar com seus relacionamentos;
- seja transparente com as pessoas e com você mesma.

É muito importante que sejam refeitas todas as avaliações possíveis. Pivotando, você encontrará maneiras de mudar a sua própria rota. Não tenha medo, mude o caminho, mude o percurso. Não é porque não deu certo agora, que não dará de jeito nenhum. Tire a fixação de um único modo de fazer as coisas. Explore outras possibilidades! Observe como uma grande aprendiz!

Ao longo dos anos, percebi que é necessário nos permitirmos recalcular a rota em vez de continuar em um caminho que não nos leva a novos lugares. Mudar o caminho pode ser assustador, mas pode nos abrir novas oportunidades e ideias, nos permitindo crescer e prosperar de maneiras que – do ponto de vista anterior – parecia impossível.

Depois de anos trabalhando no meu próprio negócio, já havia me acostumado à rotina daquele ambiente. No entanto, com o passar dos anos, o mercado começou a mudar, fazendo com que meus serviços se tornassem não tão necessários. Desse modo, comecei a me preocupar com a ideia de que, se não mudasse a direção do meu negócio, poderia me levar à falência, o que não era uma opção.

Em um belo dia, eu, desesperadamente, decidi que precisava recalcular a rota e começar a olhar para outras possibilidades. Aceitei um convite para ir a um evento de negócios com outros empreendedores e, dessa forma, tentar encontrar novos interesses e prospectos. Durante o evento, conheci muitas histórias de superação e que, apesar de ser um mundo novo, entendi que era uma grande oportunidade de mudar a minha história.

Embora tenha sido assustadora a ideia de abandonar o que já havia conquistado, eu sabia que não poderia continuar com o mesmo negócio por muito mais tempo. Afinal, a calmaria na rotina estava atraindo poucos clientes, o que me deixava muito frustrada, pois o mercado estava mudando rapidamente e eu não estava conseguindo acompanhar.

Mudar a direção pode ser uma experiência assustadora e desconfortável para qualquer pessoa. Afinal, sempre existe a possibilidade de que algo dê errado e que tudo seja perdido. Mas, a verdade é que, muitas vezes, mudar a direção pode ser a melhor coisa que podemos fazer por nós mesmas.

Assim como aconteceu comigo, quando ficamos presas em uma rotina que não faz mais sentido para nós, corremos o risco de ficar para trás e nos distanciarmos da vida que queremos viver. Quando percebemos que algo precisa mudar, precisamos nos permitir recalcular a rota, olhar para novas possibilidades e abraçar novos desafios.

A mudança pode trazer novas oportunidades e novos horizontes que antes não estavam disponíveis para nós. Quando decidimos mudar a direção, mesmo que seja assustador naquele momento, pode trazer uma nova perspectiva para a vida. E isso pode ser uma bênção incrível.

Não tenha medo de seguir em frente e mudar aquilo que você sabe que já não serve mais para você. Se permita recalcular a rota, abrir sua mente para novas oportunidades e abraçar novos desafios. Quando você opta por dar esse passo adiante, você pode finalmente descobrir coisas que nunca imaginou serem possíveis, abrindo uma vida repleta de realização e felicidade. Proponho sete pontos para você seguir ao mudar a rota de sua vida.

1. Descoberta de novas oportunidades

Ao mudar a rota de sua vida, você pode descobrir novas oportunidades que estavam fora de seu alcance anteriormente. Elas podem levar você a grandes realizações pessoais e profissionais.

2. Desenvolvimento pessoal

Ao enfrentar desafios e mudar a rota de sua vida, você se desenvolverá pessoalmente, adquirindo novas habilidades e competências. A experiência pode torná-lo mais equilibrado, maduro e resiliente.

3. Maior satisfação pessoal

Ao mudar a rota da sua vida, você pode encontrar maior satisfação pessoal em sua carreira, relacionamentos e em sua vida em geral. Isso pode levar a uma vida mais feliz, plena e realizada.

4. Novas conexões

Ao mudar a rota de sua vida, você pode conhecer novas pessoas e fazer novas conexões. Essas conexões podem levar a novas oportunidades e perspectivas, bem como a novas amizades e parcerias.

5. Crescimento financeiro e profissional

Ao mudar a rota de sua vida, você pode encontrar novas oportunidades financeiras e profissionais, o que pode levar a um maior crescimento e prosperidade a longo prazo.

6. Maior autoestima

Ao enfrentar os desafios de mudar a rota de sua vida, você pode desenvolver uma maior autoestima, confiança e amor-próprio. Essa autoestima pode ser benéfica em todas as áreas da vida, melhorando relacionamentos, carreira e qualidade de vida em geral.

7. Autodescoberta

Mudar a rota de sua vida pode ajudá-lo a se descobrir novamente ou encontrar uma nova maneira de se expressar. Essa autodescoberta pode levar a uma vida mais autêntica e satisfatória em todos os aspectos.

Eu sei que, muitas vezes, algo que parece muito confortável, a "zona de conforto" é muito conveniente, mas para algumas pessoas ela causa frustração, porque nos engessa em situações que não queremos mais vivenciar. Então, se você sente que sua trajetória está fora de curso, é hora de agir! Reavaliar e ajustar sua rota pode ser a chave para alcançar o sucesso que você busca e a realização dos sonhos. Não espere mais para fazer as mudanças necessárias. Aceite o desafio, caminhos novos, transformam desafios em oportunidades.

Referência

PENA, R. F. A. GPS. **Escola Kids**, [*s.l.*], [*s.d.*]. Disponível em: https://escolakids.uol.com.br/geografia/gps.htm. Acesso em: 6 set. 2024.

"Antes de a flecha ir para a frente, ela é puxada para trás."

Ana Rafaele

Andrea Marostica

Sou Andrea Marostica, natural de Santo André/SP, casada com Willians Marostica e mãe de Guilherme e Gusthavo.

Com 25 anos de experiência como terapeuta e com formações como professora, psicanalista, consteladora familiar e sexóloga pós-graduada na Faculdade de Medicina do ABC (FMABC), atuo como palestrante e mentora de mulheres e casais. Criei métodos inovadores como *O poder do toque*, *O poder do merecimento* e *O poder do amor-próprio*, que têm transformado vidas por todo o Brasil.

Superei o julgamento e, por meio do autoconhecimento, descobri minha missão e meu propósito divino. Estou aqui para conduzi-la a uma transformação profunda, libertando-a das amarras do julgamento e guiando-a na realização do seu maior sonho.

Conecte-se comigo!

andrea.marostica

+55 (11) 94831-8009

LEOAS

6

LIBERTE-SE DO JULGAMENTO E REALIZE SEU MAIOR SONHO

Por Andrea Marostica

O início de tudo: nossas primeiras verdades

Desde cedo, absorvemos como verdade o que nossos pais, a cultura, a sociedade e a religião nos ensinam. Quando chegamos à fase adulta, muitas vezes, encontramo-nos presos a essas crenças e ficamos com medo de seguirmos em frente por causa do julgamento dos outros e dos nossos próprios autojulgamentos.

A jornada de uma vida marcada pelo julgamento

Minha infância foi tranquila, cercada de muito amor por parte dos meus pais, João Manuel e Lucia Sara, e dos meus dois irmãos, Rodrigo e Thiago. Não me faltava nada. No entanto, aos 11 anos, fui diagnosticada com um desvio de coluna, o que me obrigou a usar um colete de ferro. Na escola, passei a ser alvo de *bullying*, sendo chamada de "mulher de ferro", "quatro olhos" por usar óculos, "Olívia Palito" por ser magra e "loira burra". Sentia-me rejeitada e excluída pelos colegas, o que destruiu minha autoestima.

Aos 15 anos, consegui recuperar meu amor-próprio, iniciei meus primeiros passos na vida profissional, trabalhando como modelo e manequim em eventos, durante sete anos, quando também várias vezes fui julgada. Aos 22 anos, formei-me professora (arte-educadora) mas não exerci a profissão. Na época, estava noiva e queria saber como seria ter estabilidade em um emprego CLT, foi então que comecei a trabalhar em uma empresa familiar. Esses três anos foram desafiadores; eu me sentia limitada e insatisfeita, sabendo que era capaz de algo muito maior.

Aos 25 anos eu me casei. Embora estivesse curtindo a vida de casada, profissionalmente e, consequentemente, na esfera familiar, essa fase foi marcada por sofrimento e julgamento. Sentia-me rejeitada sem motivo, e ficou claro que aquele não era o meu caminho. Quando descobri minha gravidez, foi uma grande alegria, mas devido ao meu problema de coluna, precisei me afastar do trabalho para repousar.

Não fui acolhida e esperava ser tratada com carinho, afinal, era uma empresa familiar e eu estava grávida, sensível; porém, recebi por recado a notícia de que estavam me demitindo e, se eu não estivesse de acordo, era para procurar meus direitos. Mesmo sabendo que eu os tinha, por amor ao meu marido não fiz isso, até hoje não entendo porque fui tratada dessa forma, mais uma vez por julgamento, foi uma dor imensurável, porém Deus agiu na minha vida trazendo-me meu primeiro filho, Guilherme (luz dos meus olhos), que me tirou desse caminho.

Transformando dor em propósito

Sofri com depressão por muito tempo. Embora tenha sido uma decepção na época, hoje sou grata, pois essa reviravolta me levou a realizar minha verdadeira missão de vida. Conciliando os papéis de mãe, esposa e profissional, tornei-me artista plástica, trabalhando em casa com pintura em seda. À medida que o negócio prosperava, tornei-me empreendedora de uma confecção de roupas. Um cancelamento inesperado de um grande pedido levou-me a abrir uma loja de roupas e acessórios, um sonho de menina, mas que se tornou um pesadelo na minha vida, a loja foi assaltada por diversas vezes, trazendo prejuízos e chateações.

Então, mais uma vez Deus agiu na minha vida e mostrou-me minha missão, que é ajudar pessoas. Engravidei do meu segundo filho, Gusthavo (luz do meu caminho), precisei desfazer-me da loja e, durante a gestação, mergulhei em uma jornada incansável de busca por conhecimento, com diversas formações e especializações na área terapêutica. Ao longo da minha trajetória, as decepções, imprevistos e pessoas que me julgaram me forçaram a reinventar-me várias vezes.

Cada desafio proporcionou mudanças significativas em minha vida, guiando-me na direção que minha alma clamava. Quando acreditava cegamente no que os outros diziam, destruía minha autoestima. Foi assim que busquei o autoconhecimento e, hoje, sou uma mulher realizada. Tudo o que me julgavam tornou-se degraus para alcançar meus objetivos. Atualmente, tenho meu consultório, o Centro Terapêutico Andrea Marostica, com diversas terapias. Além disso, atuo como palestrante, mentora e terapeuta especialista em relacionamentos.

Liberte-se do julgamento e assuma o controle da sua vida!

A verdadeira transformação começa quando nos libertamos das correntes do julgamento alheio. Muitas vezes, passamos a vida tentando nos encaixar em moldes que não refletem quem somos, buscando a aprovação de pessoas que não entendem nosso caminho. No entanto, a liberdade e o poder de realizar nossos sonhos surgem no exato momento em que decidimos viver por nós mesmos.

Como Eckhart Tolle (2010) sabiamente colocou: "A liberdade começa no momento em que você não precisa mais da aprovação de ninguém". Esse é o primeiro passo para tomar posse de sua vida e abraçar seu verdadeiro potencial.

Para isso, é essencial entender que o julgamento dos outros é apenas um reflexo de suas próprias limitações e inseguranças. Muitas vezes, aqueles que nos criticam estão projetando suas próprias frustrações e medos, incapazes de lidar com sua própria verdade. Quando compreendemos isso, percebemos que a opinião dos outros não define quem somos. Como Tony Robbins (1991) afirma: "Viva para si mesmo, não para o julgamento alheio". Esse é o caminho para a autenticidade e a realização pessoal.

Você já parou para pensar em quem você era antes do mundo dizer quem você deveria ser? Essa pergunta provoca uma reflexão profunda sobre a perda da nossa essência ao longo dos anos. Quando nascemos, somos seres puros, cheios de potencial e com uma conexão íntima com nossos desejos mais autênticos. No entanto, ao longo da vida, vamos nos moldando às expectativas externas e essa conexão vai se perdendo. É hora de recuperar essa essência e se reconectar com quem você realmente é.

Na busca pela realização pessoal e profissional, é fundamental que você se liberte dessas amarras. A autocompaixão e o autoconhecimento são ferramentas poderosas nesse processo. Reconheça suas qualidades, aceite suas imperfeições e entenda que você é digna de conquistar tudo o que deseja. Ninguém tem o direito de lhe definir, a não ser você mesma.

Como Brené Brown (2013) nos ensina: "A vulnerabilidade é a coragem de se permitir ser visto". Ser vulnerável não é fraqueza; é um ato de coragem. É o reconhecimento de que somos humanos, que erramos, mas que também temos a força necessária para nos levantar e seguir em frente. Quando você se permite ser vista em sua totalidade, sem máscaras ou armaduras, você se liberta do medo do julgamento e começa a viver de forma plena.

Nelson Mandela (1995) nos lembra que "a coragem não é a ausência de medo, mas o triunfo sobre ele". Ter coragem significa enfrentar seus medos, incluindo o medo de ser julgado. Quando você se compromete a seguir seu próprio caminho, independentemente do que os outros pensem, você se torna uma verdadeira líder de sua própria vida.

Finalmente, lembre-se de que a felicidade e o sucesso não estão em agradar os outros, mas em ser fiel a si mesma. Como Oprah Winfrey (2014) diz: "Você não se torna o que quer, você se torna o que acredita". Acredite em seu valor, em sua capacidade e na importância de seguir seu próprio caminho. Somente assim você alcançará a verdadeira realização e liberdade.

Nesse ponto de sua jornada, é essencial cultivar a autoconfiança. A autoconfiança não significa ausência de dúvidas, mas sim a capacidade de seguir em frente, apesar delas. Cultive a coragem de ser quem você é, mesmo quando o mundo lhe diz para ser diferente.

Agora é a sua vez. Liberte-se das amarras que a prendem e abra as portas para o seu verdadeiro potencial. Lembre-se de que a vida é curta demais para viver pelos outros. Você merece viver uma vida que seja fiel ao seu coração, uma vida que reflita sua essência e que lhe traga felicidade genuína. Vá em frente, tome posse de sua vida e realize seus maiores sonhos. O mundo está esperando para ver sua luz brilhar.

Desperte sua força interior

Dentro de você reside uma força inabalável, capaz de superar qualquer obstáculo. Não deixe que o julgamento alheio apague a luz que brilha em você. Acredite no seu potencial, confie na sua intuição e siga em frente com coragem. Lembre-se: cada desafio enfrentado é uma oportunidade para crescer. Assim como eu, você pode transformar suas dificuldades em degraus para o sucesso. Tome posse da sua vida, liberte-se das amarras e realize seus maiores sonhos. Você é capaz de tudo o que deseja!

Comece cuidando do seu equilíbrio emocional: ame-se, coloque-se em primeiro lugar, aprenda a dizer "não", valorize-se, respeite-se, posicione-se, aceite-se, apoie-se, perdoe-se. Não se culpe, não julgue, respeite o ponto de vista dos outros e o seu. Não crie expectativas irreais, não minta para si mesmo, não se compare, afaste-se de pessoas tóxicas. Não se sobrecarregue, evite a autocrítica excessiva, use a sabedoria para fazer boas escolhas. Não procrastine, saia da posição de vítima, cuide da sua autoestima e agradeça sempre. Sem equilíbrio emocional, autoconhecimento e autoestima, você aceitará como verdade qualquer coisa que lhe apresentarem. Alimente sua alma, tenha fé em si mesmo e prepare-se para a sua transformação de dentro para fora.

A hora é agora: viva sua verdadeira essência

Agora é a sua vez. Olhe para dentro de si mesma e identifique o que realmente deseja. Quais são os sonhos que você tem deixado de lado por medo do julgamento? Chegou o momento de agir. Dê o primeiro passo rumo à vida que você sempre quis. Eu estou aqui para ajudá-la nessa jornada. Conecte-se comigo, participe dos meus programas de mentoria e palestras.

Referências

BROWN, B. **A coragem de ser imperfeito**. Trad. Fabiano Morais. Rio de Janeiro: Sextante, 2013.

MANDELA, N. **Longa caminhada até a liberdade**. Trad. Paulo Roberto Maciel Santos. São Paulo: Alta Life, 2020.

ROBBINS, T. **Desperte o gigante interior**. Trad. Luiz Antônio Aguiar. Rio de Janeiro: BestSeller, 1991.

TOLLE, E. **O poder do agora: um guia para a iluminação espiritual**. Trad. Iva Sofia Gonçalves Lima. Rio de Janeiro: Sextante, 2010.

WINFREY, O. **O que eu sei de verdade**. Trad. Fabiano Morais. Rio de Janeiro: Sextante, 2014.

"Não dê poder ao
julgamento dos outros.
Acredite em você!
Você é sua própria luz."

Andrea Marostica

Anna Silva

Sou Anna Silva, natural de Piumhi/MG, resido atualmente em Sobral/CE com minha família: meu esposo, Potiguá Varjão, e meus filhos gêmeos, João Lucas e José Aldo.

Sou mentora, *coach* e escritora, com o propósito de transformar mulheres para viverem sua melhor versão materna e profissional. Sou engenheira de formação, trabalhei quatorze anos no corporativo e há um ano decidi empreender para conquistar minha liberdade geográfica e acompanhar meu esposo em oportunidades profissionais.

Eu sempre administrei minha carreira com a maternidade, por isso, ao longo da minha jornada, descobri minha paixão pelo autoconhecimento e pela evolução pessoal, especializando-me no desenvolvimento humano.

Hoje, sou uma mulher transformada vivendo minha melhor versão e com uma missão: orientá-la a encontrar a sua!

annasilvamentora

Anna Silva

contato@annasilvamentora.com

7

É CAMINHANDO QUE SE TRANSFORMA

Por Anna Silva

Iniciei minha trajetória profissional na minha adolescência, sempre com muita curiosidade para aprender, proatividade e habilidades de liderança. Na escola, sempre me destaquei, por isso segui o roteiro de concluir o Ensino Médio junto com o curso técnico e na sequência iniciei na faculdade de Engenharia Elétrica. Naquela época, eram pouquíssimas mulheres na engenharia e quando me formei, em 2013, fui a única mulher da turma.

Nesse período, já trabalhava em uma grande indústria em Minas Gerais, onde permaneci por quatorze anos. Tive líderes inspiradores que me desenvolveram profissionalmente, liderei grandes projetos com resultados relevantes para a companhia e enfrentei vários desafios ao longo da carreira para me posicionar e conquistar meu espaço, principalmente por ser mulher.

Em 2017, a maternidade chegou e ela veio com tudo! Fui mãe gemelar aos 28 anos, no auge da minha carreira profissional e por muito tempo eu não consegui entender o quanto a maternidade havia tirado minha liberdade. Eu nunca tive dúvidas de que conciliaria a carreira profissional e a maternidade, trabalhei e realizei várias atividades até um mês antes do nascimento dos gêmeos, porém, como na vida tudo muda, meus valores se transformaram com a chegada deles.

Após o retorno da licença-maternidade, deparei-me com novos desafios cotidianos para conseguir ser a Anna mulher, esposa, mãe e profissional, mas em 2021, com todo o contexto de pandemia que vivemos, tive um diagnóstico de esgotamento emocional, devido à sobrecarga profissional e pessoal, o que me trouxe muitos questionamentos sobre minha existência, prioridades e valores. Com isso, precisei tomar algumas decisões que foram viradas de chave.

Sob influência da sociedade, várias vezes pensei em desistir da minha carreira para ser mãe em tempo integral, mas algo dentro de mim não me deixava tomar essa decisão, mesmo nas situações difíceis que enfrentei, e foi após esses momentos que comecei a buscar orientação, iniciando minha jornada de autoconhecimento.

O meu despertar foi por meio de um programa on-line que me ensinou uma nova forma de educar meus filhos, em que eu precisava estar bem comigo mesma para dar o meu melhor a eles, e foi aí que intensifiquei minha jornada de desenvolvimento com apoio psicológico. Na busca por ser uma boa mãe, precisei mergulhar em experiências profundas e comportamentos limitantes para descobrir crenças e aprendizados que não eram mais úteis na vida adulta, e foi assim que fui encontrando a minha melhor versão materna, que também era a profissional e pessoal.

Lembro-me de uma grande pedra no caminho, que foi o fato de eu querer controlar tudo e não saber pedir ajuda. Quando descobri isso, relutei por muito tempo, afinal, sempre ouvi que a responsabilidade por cuidar dos filhos, da casa, do esposo eram só minha. Essa atitude também interferiu no lado profissional, pois eu era bastante centralizadora e tinha dificuldades em delegar.

A necessidade do controle sempre me gerou estresse e ansiedade, mesmo não sabendo identificar, refletiam no meu comportamento com todos à minha volta, principalmente com os mais próximos, por isso, muitas vezes fui tachada de arrogante. Com medo de expor minha vulnerabilidade, eu me cobrava ainda mais, para ser a mãe perfeita, a profissional competente, a mulher que se cuidava e a esposa exemplar, e, por muito tempo, foram cobranças muito pesadas.

Eu sempre me considerei *workaholic* e estava a postos sempre que precisavam de mim, não importava a hora. Após a maternidade, precisei reorganizar horários e impor limites, pois minha carga havia se multiplicado. Ao mesmo tempo, eu me comparava com outros profissionais que não tinham essas barreiras e me culpava por achar que não estava dando o meu melhor e que a maternidade havia me prejudicado.

Quando me entreguei na jornada de crescimento pessoal e profissional, eu me senti como se estivesse em um casulo, sendo destruída e construída. A cada descoberta, eu me sentia mais leve, minhas atitudes foram mudando, comecei a me libertar de coisas, pessoas, situações que me prendiam e estagnavam e fui conquistando posições profissionais de destaque, uma maternidade mais leve, até que decidi dar um salto na minha vida pessoal e voar como uma borboleta.

Em 2024, para cumprir meu propósito de vida alinhado com meus valores pessoais e profissionais, eu criei meu programa de mentoria para mulher, mãe, profissional, no qual eu oriento mulheres a viverem sua melhor versão materna e profissional por meio dos aprendizados e experiências que eu tive na minha trajetória.

Ao longo dos próximos parágrafos, irei compartilhar chaves que foram essenciais para minha jornada de evolução e que serão relevantes para sua transformação.

1º) Descubra quem você é

Para você trilhar o caminho do desenvolvimento pessoal, é preciso se conhecer. É importante descobrir seus pontos fortes, habilidades, áreas de talentos e identificar suas oportunidades de melhorias.

Quando conheci meu perfil comportamental, percebi que não me conhecia completamente, consegui identificar comportamentos que resultavam da combinação de habilidades não desenvolvidas com pensamentos negativos e que me impulsionavam para mais cobranças, controles, indecisões e questionamentos. Esse diagnóstico foi a primeira chave para meu desenvolvimento e foi por meio dele que eu potencializei fortes competências para melhorar e desenvolver o que era necessário. Agora me diga, você conhece o seu perfil comportamental e quais habilidades precisam ser desenvolvidas?

2º) Você não precisa dar conta de tudo

É um grande mito dizer que daremos conta de tudo, principalmente após a maternidade, e esse foi um dos meus maiores desafios. Como escrevi acima, sempre fui muito controladora e perfeccionista, por isso, por muito tempo centralizei muita coisa em mim, até chegar ao ponto de não saber o que fazer e muito menos pedir ajuda. Mas quando eu descobri a importância de escolher a batalha da vez, aquela à qual eu precisava dar foco e investir energia, tudo mudou. Foi assim que eu me permiti compartilhar tarefas, delegar atividades e construir uma rede de apoio, sem me cobrar por isso, afinal, eu escolhi concentrar minha energia em algo mais importante. Reflita comigo: como têm sido suas escolhas? Você já consegue pedir ajuda ou ainda está se cobrando para fazer tudo?

3º) Cuide da sua mente

A mente humana é nossa amiga, mas também inimiga, é nela que se formam os pensamentos que geram emoções e se transformam em comportamentos. Você já pensou ou falou a frase: "Será que vai dar certo?" e logo em seguida começou aquela sensação de insegurança, medo, e imediatamente você paralisou, e às vezes até mudou a tarefa por acreditar que não daria certo? Pois comigo já aconteceu várias vezes, e eu descobri que isso era resultado dos meus pensamentos sabotadores e onde eu colocava foco, ele expandia.

Por isso, afirmo a importância de cuidar diariamente da mente, alimentando-a com bons conteúdos, que geram bons pensamentos, boas emoções e que se transformarão em comportamentos potencializadores. Como você tem nutrido sua mente? Está consumindo conteúdo ou notícias que contribuem com seu desenvolvimento ou está se permitindo viver de acordo com as manchetes negativas?

4º) Anote e organize seus afazeres

A organização e a rotina são essenciais para o desenvolvimento pessoal, pois é por meio delas que construímos hábitos positivos ou negativos. Por muito tempo eu não consegui usar uma agenda, e para não deixar a agenda física em branco, usava-a como bloco de anotações; mas o pior de tudo é que quando eu esquecia alguma tarefa, eu me frustrava e me cobrava por ter esquecido. Foi quando eu aprendi que para ser produtiva eu precisaria me organizar e anotar meus afazeres, pois essa não é uma função do cérebro.

Também comecei a planejar o meu dia analisando tarefas que poderiam ser executadas juntas ou próximas, concentrando esforço e minimizando tempo. Confesso que nem sempre é fácil, mas é muito gratificante poder usar minha mente em algo produtivo e não como uma agenda e isso me trouxe mais leveza mental e produtividade. E aí, como está a organização das suas tarefas e atividades? Você está vivendo conforme seu planejamento ou está mais para "deixa a vida me levar"?

5º) Priorize-se

Para conciliar os múltiplos papéis, a mulher precisa estar bem com ela mesma e quero explorar o significado disso. Você já percebeu que, instintivamente, nos colocamos em segundo plano em vários momentos? Por exemplo: se os filhos precisam de algo, eles são prioridade, se temos uma demanda importante, a tendência é que iremos priorizá-la e até o primeiro pedaço do seu bolo de aniversário geralmente é para outra pessoa. E com isso tudo, aquele momento em que você deve se cuidar vai sendo postergado, porém, a longo prazo, você colherá os resultados dessa renúncia.

O nosso desenvolvimento é intencional e individual e para que isso ocorra precisamos dedicar tempo para momentos de autocuidado, como encontro com amigas, atividades físicas, leituras, estudos e momento de espiritualidade. Esse, sem dúvida, foi um dos maiores aprendizados da minha vida, pois entendi que quando estou bem comigo mesma, me cuidando, me acolhendo e evoluindo, os ambientes e pessoas ao meu redor serão influenciados positivamente com a minha presença. E você, como tem se cuidado e impactado as pessoas à sua volta?

Ao longo da minha história essas foram algumas das chaves que mais contribuíram com o meu caminhar para a transformação. Espelhando na metamorfose da lagarta em borboleta, assim foi a minha experiência de vida até aqui. Em meio aos desafios cotidianos, eu decidi me desenvolver e sair do meu casulo para voar. E afirmo que se eu consegui, você também consegue. Finalizo dizendo que terei o maior prazer em lhe conduzir na sua jornada de evolução pessoal e, juntas, criarmos uma revoada de borboletas.

“Conheça-se e descubra que a liberdade que deseja está dentro de você.”

Anna Silva

Annalidia Kipper

Sou Annalidia Kipper, cabeleireira, maquiadora, empreendedora, mentora, mulher e mãe. Minha principal tarefa é administrar e gerir meus salões, onde divido os dias em duas cidades: Arroio do Tigre e Santa Maria, ambas no Rio Grande do Sul.

Por ser uma apaixonada pela vida, busco o equilíbrio no autoconhecimento e no autocuidado, desenvolvi o movimento Mulheres Cristal, que trabalha despertando a essência da mulher, e o Profissional Estrela, que é um curso voltado para cabeleireiras que querem se tornar especialistas em mechas.

Dedico este livro às minhas filhas Marília e Alanna, que são meu maior orgulho e minhas pupilas, à minha mãe, que me deu o dom da vida junto ao meu pai (*in memoriam*), ao meu maior mentor, meu Divino Criador, e a todas as mulheres que, assim como eu, merecem ser reconhecidas e valorizadas.

annalidiakippermulher

annalidiakippermakeehair

+55 (51) 99512-1694

annalidiakipper@hotmail.com

LEOAS

8

REDESCOBRINDO CAMINHOS: A ARTE DE RESSIGNIFICAR A VIDA

Por Annalidia Kipper

Sabe uma menina, linda, educada, de boa família, criada como uma boneca de porcelana, cheia de sonhos, com a vida perfeita? Então, essa sou eu, porém a história não é tão simples assim, e cabe somente à personagem principal contar, em detalhes, quem se tornou a tal menina.

Tudo iniciou quando, em 13 de setembro de 1987, nasceu uma menina amada e desejada, porém, mal sabia das histórias de superação que iria viver. Sem muitas emoções e vivendo uma vida simples de estudo e casa, sua infância foi na cidade de Arroio do Tigre/RS, onde, em meio a muitos primos, criava-se uma menina sonhadora. Boa parte dos seus sonhos era poder se tornar uma cantora famosa, doce ilusão de quem vivia longe do mundo artístico e o via apenas pela televisão.

Desde muito cedo, fez aulas de violão, teclado e canto, tocava na banda da escola, cantava em festivais, na maioria acabava ganhando prêmios. Era humilhada e debochada pelos seus colegas, pois como vinha de uma família humilde, não tinha as mesmas condições dos demais, porém, uma certeza ela sempre teve, a de que veio para fazer a diferença.

Aos 11 anos, para ajuda com seus gastos, passou a vender lanches pela cidade, assim ganhava um dinheiro para pagar suas pequenas despesas; aos 12 anos, foi trabalhar de secretária no turno inverso da escola, onde recebia um saudoso salário de R$ 50,00. Ao iniciar o ensino médio, fez junto o curso de magistério, porém teve que trabalhar na escola limpando banheiro para pagar seus estudos, pois afinal seus pais não tinham condições de pagar sua escola.

Aos 16 anos, participou de um concurso de beleza na sua cidade e ganhou seu primeiro título de soberana, tornando-se rainha do município. Com esse título vieram outros, que apresentaram a essa inocente menina quão grande era o mundo lá fora e quanto poderia ser magnífico os sonhos da vida. Mas mal sabia ela que esses sonhos de correr o mundo poderiam estar sendo adiados pelo simples fato de que, aos 18 anos, ela receberia a maior de todas as bençãos da sua vida, mesmo não tendo essa noção na época, que era se tornar mãe. Uma lágrima escorreu aqui, pois lembrar desse momento me faz refletir muito sobre o quanto somos vulneráveis e que, às vezes, o que parece ser o fim é apenas o começo da maior jornada de oportunidades que a vida irá lhe presentear.

Sim, foi o início de tudo, essa menina simples, inocente e ingênua tornou-se mãe e junto com essa missão veio o destino profissional que era o que a vida lhe apresentava naquele momento. Embora não tivesse planejado, precisava trabalhar e, naquele momento, a única coisa que ela sabia fazer era ser professora, porém, ninguém a contrataria. Depois, por ser rainha e ter que estar sempre produzida, aprendeu a se maquiar e se arrumar para os eventos a que tinha de ir. Assim, precisava investir em algo para poder criar sua filha, então, junto com sua mãe, decidiu iniciar na área da beleza, comprando suas primeiras coisas para iniciar no ramo de salão de beleza como manicure; em seguida, iniciou um curso de cabeleireira e aí começou a grande trajetória de uma grande profissional.

Virginiana com ascendente em virgem, sempre foi muito responsável, dedicada e perfeccionista no que fazia, investia muito em conhecimento e o pouco que ganhava, quase nada, era para pagar os cursos de especialização. Logo foi crescendo e abriu o seu primeiro espaço (pois é, esqueci de contar que quando ela iniciou, trabalhava para um salão na cidade, em que tudo que ganhava tinha que dar 50% dos ganhos para a dona do espaço).

Ali iniciou a vida da empreendedora Annalidia Kipper: ela teve o seu primeiro salão aos 20 anos. Nessa época, era mãe, esposa, morava com seus pais e abriu seu primeiro empreendimento depois de um ano e meio, decidiu morar com seu marido e sua filha em uma casa alugada e lá colocar junto seu salão. Tudo simples, mas sempre feito com muito amor, sua família sempre a apoiando e auxiliando. Porém, sem experiência nenhuma, em especial no relacionamento, decidiu se divorciar, ela não amava seu esposo, nem sabia o que era um relacionamento, na verdade os dois não sabiam. Aí iniciava um dos primeiros ciclos familiares que a saudosa rebelde Anna quebraria, o de se divorciar. Sim, eu vim de uma família em que ninguém se divorciava, pois o que a sociedade iria falar? A reputação dessa família, onde ficaria? Enfim, naquele momento ela só queria ser feliz, afinal de contas, aquela vida não fazia mais sentido para ela. Com isso, decidiu se mudar com a cara e a coragem para Santa Maria/RS, para crescer profissionalmente. Gente, que loucura, né? E sua mãe admitiu que ela fosse pra longe – mais um ciclo familiar se quebrando.

Aí iniciou a melhor escola de Anna, a vida real, uma filha de 3 anos, endividada, mas com uma única certeza: viver o aqui e o agora e ser feliz, sim, ela só queria ser feliz! Estudou muito profissionalmente, teve as clientes mais exigentes do mundo, que a transformaram em uma supercabeleireira, viveu a melhor fase de festas e amigos de Santa Maria, aquela antes do trágico acidente da boate Kiss. Sim, ela viveu toda aquela tragédia e perdeu várias pessoas conhecidas. Mas uma certeza ela tinha: viveu e aprendeu, conheceu o pai da sua segunda filha, que era de Sobradinho e, com isso, decidiu junto a ele voltar para a região de Centro-Serra e viver uma nova história.

Empreender foi a primeira decisão, abriu um salão lindo que fez muito sucesso, porém, junto desse salão, ela viveu um relacionamento tóxico com o pai da sua segunda filha, e na época não tinha discernimento para compreender. Tudo era novo, tudo era diferente, porém ela só queria tentar e buscar ser feliz. Na inocência de achar que se nasce sabendo tudo, seu relacionamento tóxico a apagou, fez-lhe perder grandes oportunidades e tudo por quê? Por não saber se amar e se colocar em primeiro lugar.

Nesse período, sofreu um acidente de carro, quando ficou quatro meses acamada por ter fraturado quatro vértebras e renascendo para a vida. Meses depois, casou-se nesse mesmo relacionamento, teve uma segunda filha, sua maior provação na vida, pois essa inocente havia nascido com uma anomalia chamada hipotireoidismo congênito, anomalia essa em que a criança nasce sem a glândula da tireoide. Iniciou tratamento em Porto Alegre/RS, para onde todos os meses precisavam se deslocar. Nesse período, seu pai iniciou pela terceira vez um tratamento de câncer, em que sofreu muito, pois usou sonda e fez traqueostomia. A dor maior era vê-lo sofrendo e, em 27 de fevereiro de 2017, ele veio a falecer, uma dor imensurável, pois nunca queremos perder alguém.

No dia 20 de julho de 2017, depois de mais uma das diversas brigas, deu-se o seu divórcio. No dia 20 de outubro do mesmo ano, sua avó faleceu. Que ano! Nem conseguia pensar em uma dor, eram tantas que nem sabia por qual sofreria primeiro.

Contar tudo isso hoje é fácil, mas viver tudo isso foi extremamente frustrante, um ano depois, no dia 26 de julho de 2018, assinou seu divórcio, porém, nesse período a dor de acreditar nas pessoas, de ser humilhada, de sofrer com inverdades, de ter que responder processo contra agressão, sendo que diversas vezes sofreu agressões físicas e verbais e, quando decidiu se ver livre dessa dor, precisou pagar o preço injusto da liberdade.

Mas, vamos lá! Sabe para que serviu tudo isso?

Para sua evolução, depois de tudo, a maior certeza que ela tinha é que não queria mais viver nada daquilo, precisava buscar se curar e voltar a ter a certeza de quem ela veio ser neste mundo, se amar, se cuidar, se valorizar.

A primeira cura foi descoberta por meio do *ho'oponopono*, técnica havaiana que indico para todos.

Segunda cura: espiritual. Conectar-se com Deus na sua infinita bondade.

Terceira cura: de relacionamentos. Mudar os padrões e atrair pessoas compatíveis com a sua essência.

Quarta cura: autoconhecimento. Mapa astral para descobrir sua missão e trabalhar arduamente para suas conquistas.

Quinta cura: desenvolvimento pessoal. Determinar um curso por ano, para se desenvolver e ativar ainda mais suas qualidades.

Sexta cura: focar no seu profissional e transformar vidas. Fazer o que amava e o que mais sabia fazer e ensinar a outras pessoas, ministrando cursos e levando o seu conhecimento a milhares de pessoas.

Sétima cura: mudar de cidade (para Santa Maria) e iniciar uma vida nova. Acredite, não foi fácil, porém, deu certo.

Em 2022, decidiu levar sua filha mais velha para a cidade de Santa Maria/RS para fazer Ensino Médio, pois sua filha queria muito fazer faculdade de Medicina. Lá, iniciou mais uma saga: começar tudo do zero. Porém, com uma grande diferença, uma bagagem de conhecimento ímpar, uma superprofissional na área da beleza, uma mulher de alto valor e uma fé inabalável! Sim, foi a fé que fez com que tudo desse certo.

Annalidia Kipper, mãe de Marília e de Alanna orgulha-se diariamente pelas filhas e mulheres lindas que tem, sabe por quê? Porque, entre tantos desafios e, principalmente falta de dinheiro, em menos de três anos Alanna ganhou vários desfiles, pois a vaidade está nessa pequena grande menina, que atualmente tem sete anos, e Marília, só orgulho, a menina-mulher que inspira tantos jovens, escreve artigos científicos e participa de amostras científicas do estado. No ano de 2024, ganhou um prêmio junto a mais nove mulheres que escrevem para ciência, tem seus artigos publicados no livro da UFRGS e a cada dia busca mais e mais alcançar seu objetivo, que é se tornar uma grande médica e estudar junto de outras grandes mulheres a cura ou pelo menos uma forma mais prática de repor o hormônio que a sua irmã toma desde os 20 dias de vida.

Enfim, sabe o que eu, a Annalidia Kipper de hoje, traz para você que está lendo este capítulo? É que nada, mas nada no mundo tem um valor maior do que você acreditar nas suas verdades, buscar fazer o bem e jamais desistir da sua fé, pois ela é o alimento da nossa alma e só ela irá nos levar à nossa grande busca da felicidade e da nossa maior missão aqui na terra, que é evoluir, fazer o bem e plantar a nossa sementinha para um mundo melhor.

Ressignificar a nossa história de vida é o maior ato de amor que podemos nos ofertar. Perdoe-se. Cuide da sua dor e transforme tudo que já a machucou em energia para acender um novo brilho para o seu mundo!

“Quando descobri o perfume que habita minha alma, despertei a minha essência e me tornei a minha melhor versão.”

Annalidia Kipper

Aparecida Clarice

Sou Aparecida Clarice, mas algumas pessoas me chamam por Cida, nascida em Umuarama/PR.

Sou determinada, inovadora, mãe do Gabriel e da Jessyka. Minha formação em Fisioterapia abriu portas para uma carreira diversificada, e hoje tenho uma imensa paixão por atuar como empresária, empreendedora, consultora de Marketing, escritora, palestrante, mentora e *coach*.

Meu propósito é inspirar e motivar você a realizar seus sonhos e descobrir seu potencial. Por meio do autoconhecimento, busco promover e despertar transformações pessoais e profissionais significativas. Convido você a refletir sobre sua jornada, encontrar coragem para avançar e descobrir a força interior para tornar sua jornada extraordinária.

aparecidaclariceoficial
aparecidaclariceoficial@gmail.com

LEOAS

9 SUPERANDO OS DESAFIOS DA VIDA

Por Aparecida Clarice

Nasci em Umuarama, Paraná, no dia 30 de janeiro de 1974, às 7 horas da manhã, em casa, com a ajuda de uma parteira, após um longo e difícil parto. Desde cedo, enfrentei desafios. Até os meus 3 anos, convivi com crises que pareciam ser convulsões, aterrorizando minha família. Desesperados, meus pais fizeram uma promessa a Nossa Senhora Aparecida, pedindo por minha cura. E, como num milagre, as crises cessaram e nunca mais voltaram. Esse foi o primeiro de muitos obstáculos que eu superaria ao longo da minha vida.

Minha infância foi marcada por mudanças e incertezas. Aos 6 anos, mudamos para o sítio do meu avô paterno. Nossa casa era cercada por pastos e eu amava a liberdade, que me permitia explorar minha criatividade. Rodeada pela natureza e pelos animais, eu era uma criança curiosa, como toda criança que vive na roça. Subia em pés de frutas, brincava de casinha, andava de triciclo com minha irmã e desfilávamos sobre as mesas no quintal. Muitas vezes, acompanhava minha mãe na roça para colher café, observar os passarinhos em seus ninhos e, às vezes, até levava para casa. Claro, minha mãe sempre me dava uma bronca por isso. Naquela época, tive um pássaro preto que, segundo minha mãe, falava o meu nome. Acho que foi desse tempo que surgiu minha admiração por pássaros.

Mas a vida no campo também tinha seus perigos. Uma vez, fugi das vacas e acabei cortando a perna no arame farpado; em outra ocasião, quase queimei a boca na panela enquanto minha mãe preparava um bolo de milho no fogão à lenha. Essas são algumas das histórias de que me lembro, além do fato de não haver escola perto de onde morávamos.

Quando eu tinha 9 anos, minha vida deu uma reviravolta. Naquela época meus pais decidiram se mudar para o interior de São Paulo, para a casa da minha avó materna. A mudança foi abrupta; deixamos tudo para trás e, de repente, eu me vi na cidade, enfrentando uma realidade completamente diferente. A transição foi difícil. Acostumada com a liberdade do campo, passamos a viver com minha avó, bisavó, tios e tias em uma casa pequena e apertada. Ficamos pouco tempo lá, e logo meus pais decidiram mudar novamente. Como tínhamos vindo só com as malas, enfrentar uma casa sem nada dentro foi complicado, e meu pai em busca de trabalho. As dificuldades financeiras agravaram-se, e comecei a escola com atraso, enfrentando problemas de adaptação.

A vida trouxe uma rotina bem diferente. Meu pai, preocupado com nossa segurança na cidade, impôs uma criação mais rígida. Não podíamos sair sozinhas, o que diferia da liberdade que tínhamos no campo. A casa era quase vazia, pois não tínhamos recursos para mobiliá-la e dependíamos da ajuda dos vizinhos e da escola, que nos fornecia materiais essenciais para o aprendizado. No entanto, foi nesse período que descobri habilidades que me acompanhariam ao longo da minha adolescência: o crochê, que aprendi com minha mãe, o tricô e a pintura, que busquei aprender sozinha. Além disso, comecei a vender revistas para as vizinhas; minhas tias e minha avó sempre traziam encomendas, e assim eu sempre tinha um dinheirinho extra.

Essas mudanças e desafios moldaram minha infância e adolescência. Apesar das dificuldades financeiras, encontrei maneiras de transformar desafios em oportunidades e nunca deixei de acreditar que poderia construir um futuro melhor. Trabalhei em lojas de tecidos e brinquedos, e mesmo com a desaprovação de meu pai, busquei empregos que me permitiram crescer e me preparar para o futuro. Essa experiência me deu a confiança para continuar trabalhando e me desenvolvendo.

Tudo começou em um dia comum, quando vi meu primeiro namorado Paulo, pela primeira vez dentro de um ônibus. Eu estava voltando para casa depois do trabalho e ele chamou minha atenção por estar de pé o tempo todo, mesmo com o ônibus vazio, apenas eu, minha irmã e o motorista presentes. Ele estava usando um *walkman* e jaqueta jeans, o que me fez reparar ainda mais nele. A cidade era pequena, então logo nós nos conhecemos, e a conexão entre nós se tornou inevitável. Em pouco tempo, começamos a namorar.

Apresentá-lo à minha família foi um desafio, especialmente por causa da postura rígida do meu pai, mas, surpreendentemente, ele já conhecia Paulo, o que tornou as coisas mais fáceis. Logo depois de alguns meses, engravidei, e contar para minha família foi uma tarefa árdua. Meu pai, inflexível, disse-me que eu deveria sair de casa e deixar que o Paulo assumisse a responsabilidade. Com apenas a roupa do corpo, fui morar com os pais dele, que me acolheram de braços abertos. Iniciamos nossa vida de casados. Mesmo grávida, continuei trabalhando para montar o enxoval. Quando meu filho nasceu, compramos nossa primeira cama, marcando o início de uma nova fase em nossas vidas. Enquanto ainda morava com minha sogra, decidi voltar a estudar e fazer Magistério. Estava prestes a concluir o curso quando descobri que estava grávida do meu segundo filho, uma menina. Meu filho mais velho já tinha 5 anos na época. Resolvi dar uma pausa nos estudos para aproveitar cada momento com a nova bebê, que parecia uma bonequinha e era muito tranquila. Apesar das novas responsabilidades, nossa situação financeira começou a melhorar. Paulo já estava trabalhando em São Paulo, e com a situação mais estável, decidimos nos mudar para a cidade grande em busca de novas oportunidades.

Lá, comecei a faculdade de Fisioterapia. Foram longos anos até me formar, sendo mãe, dona de casa, esposa, mulher, cuidando dos filhos e estudando. Com muito esforço e o apoio do Paulo, eu me formei e fiz pós-graduação em terapia intensiva hospitalar, realizando o sonho de trabalhar na área que sempre almejei.

Após alguns anos, recebi um convite para trabalhar na área de estética. Mesmo com a frustração de uma oportunidade que não se concretizou, decidi abrir minha própria clínica. Preparei-me, capacitei-me e comecei a entender melhor o mercado. Comecei do zero, montando uma sala de estética dentro de um salão de cabeleireiro, em que conquistei meus primeiros clientes. Quase um ano depois, a dona do salão vendeu o negócio, e eu tive que sair. Foi então que decidi: "Vou ter minha própria clínica". Seis meses depois, já estava com minha clínica em outro local, com novos clientes e focada em emagrecimento. Contudo, o trabalho intenso me deixava pouco tempo para a família. Meus filhos estavam grandes e prestes a começar a faculdade, e Paulo sugeriu uma viagem. Diante disso, tomei a difícil decisão de fechar a clínica, com a ideia de recomeçar no futuro.

Minha viagem com ele durou dezoito dias, explorando de carro a Argentina e o Uruguai rumo ao Atacama. Vimos paisagens deslumbrantes e provamos comidas locais, mas uma nevasca nos impediu de chegar ao destino. Tivemos que voltar para casa.

Depois de alguns meses, nós nos mudamos para uma cidade no interior, um sonho que tínhamos desde quando nossos filhos eram pequenos, mas que não foi possível realizar na época devido ao trabalho. Vivíamos em uma lua de mel, com nossos filhos morando em São Paulo, e explorando a cidade, descobrindo lugares encantadores e muitas opções de gastronomia. Foi uma fase extraordinária da minha vida.

Até que veio a pandemia, que nos impediu de sair de casa. Ficamos isolados, sem saber o que iria acontecer. Vivíamos uma realidade com muitas fatalidades e mortes. Lembro-me de que, no final de 2020, passamos as festas apenas com a família. Foi um ano de muita tensão, pois não sabíamos o que poderia acontecer, mas estávamos esperançosos de que o próximo ano seria melhor. No início de 2021, Paulo veio a falecer, vítima de um infarto fulminante, abalando toda a família. Eu fiquei sem chão diante dessa tragédia. Minha vida perdeu o sentido; fiquei sem motivação para continuar vivendo, e, de repente, as pessoas começaram a se afastar. Vi-me sem razão para seguir em frente. Diante de tudo isso, percebi que a vida nos coloca em situações que exigem força para continuar a jornada aqui na Terra.

No início de 2022, decidi enfrentar meus medos e comecei uma nova carreira, determinada a não desistir. Em julho, tomei uma decisão ousada: fiz uma viagem de carro sozinha, rumo ao Atacama. Planejei tudo com muito cuidado e passei 28 dias fora de casa, visitando dezoito cidades e dois países, Argentina e Uruguai, foram 8.600 km de muito aprendizado. Infelizmente, não consegui chegar ao destino devido a uma grande nevasca que interditou a fronteira. Apesar disso, a viagem foi um marco importante em minha vida, ensinando-me sobre resiliência e força interior. Percebi que, com Deus, fé e determinação, podemos superar qualquer desafio e encontrar forças para seguir em frente, mesmo nos caminhos mais incertos; basta acreditar.

Após a perda de Paulo, eu me sentia apenas sobrevivendo. Com o tempo, percebi que havia um vazio em mim que precisava ser preenchido. Em minhas orações, clamei por entendimento e fui guiada para enxergar as oportunidades que sempre estiveram diante de mim. Descobri que Deus havia preparado uma vida extraordinária para mim. Por meio do Treinamento Método CIS, pude entender que somos autorresponsáveis pelas nossas atitudes e escolhas. Hoje, busco estar próxima das pessoas que amo, levo positividade para tudo o que faço e pratico a gratidão por estar viva e saudável por ter minha família ao meu lado. Aprendi a valorizar cada minuto, e vivo com a certeza de que tudo tem um propósito.

Minha história mostra como a fé e a determinação podem transformar desafios em força. Mesmo nos momentos mais difíceis, descobri que sempre há uma luz dentro de nós para nos guiar. Hoje, sou grata pela vida e por cada obstáculo, pois eles revelaram uma força que eu desconhecia em mim.

Meu propósito é inspirar e motivar você a realizar seus sonhos e descobrir seu potencial. Por meio do autoconhecimento, busco promover e despertar transformações pessoais e profissionais significativas. Convido você a refletir sobre sua jornada, encontrar coragem para avançar e descobrir a força interior para tornar sua jornada extraordinária.

"Com Deus, fé e determinação, podemos superar qualquer desafio e encontrar a força para seguirmos em frente, mesmo nos caminhos mais incertos. Basta acreditar."

Aparecida Glarice

Christiane Sampaio

Quem eu sou? Obstinada, filha do Rei dos Reis, chamam-me de Chris, porém, é com muito prazer e alegria que oficialmente eu me declaro casada e meu nome agora é Christiane Sampaio Doman.

Esposa de um lindo e abençoado australiano chamado Jason Doman, mãe da Vic e agora de mais três filhos; sim, a família cresceu: Gretta, Colby e Stan!

Empresária na área industrial, ousando a cada dia e aprendendo cada vez mais o que é de fato empreender, faz vinte anos, penso que aprendi alguma coisa.

sampaiochris_

Chris Pensando Fora da Caixinha

christiane.sampaio@icloud.com

LEOAS

10

AS MENTIRAS QUE ME CONTARAM

'Por Christiane Sampaio

Como vai você ?

Seja bem-vinda ao meu capítulo!

Quero agradecer por você estar aqui e dividir um pouco sobre a minha vida.

Se minha história se conecta com você e se também viveu algo assim, meu desejo é partilhar e nutrir o seu coração para que possa se permitir, observando por meio de uma outra ótica!

Permita-se!

Baiana, nascida em Salvador!

Vivo em São Paulo desde os meus 7 anos, sou primogênita de cinco filhos, e gostaria de dizer que todos os anos, quando vejo em redes sociais filhos homenageando seus pais, eu penso: como será isso? Pois essa parte eu não vivi na minha história.

Hoje percebo que os anos de privação, rejeição e um ambiente hostil tornaram a criança em um adulto repleto de traumas e bloqueios! Uma completa inversão de valores e posição entre homens e mulheres, não tinha idade para entender, mas sentia que algo estava errado! Mulheres aparentemente mais forte e homens mais fracos, inseguros e infiéis! Então, eu via minha mãe sofrer, por abusos e falta de respeito. E todos os dias minha mãe saia para trabalhar e alimentar todos os filhos!

Sobreviver: essa é a palavra que define o que experienciei! Mas também ouvi muita coisa, os adultos sempre falam o que pensam e as crianças escutam e muitas vezes absorvem.

Dependendo de quem for mais amável com você, certamente será influenciado pela crença coletiva da famosa verdade absoluta e que não existe nada além do que você ouviu durante sua infância, é o que acontece na maioria dos lares!

Sem referências ou parâmetros, outras pessoas falavam: pobre coitada, a mulher só trabalha e o homem vive no bar, gastando dinheiro de bico ou salário com cachaça e mulheres na rua.

Não sei qual dessas experiências você viveu ou se ainda as vive, o que tenho aprendido a cada dia nesses seis anos de cura diária é que somos responsáveis por nossas decisões e capazes de escolher! E esse é um empenho e uma dedicação para se libertar de todos esses males. Orei, li a Bíblia e algumas passagens eu li com mais frequência até entender o que pode parecer óbvio, porém na prática podemos esquecer de aplicar. E eu fiz isso e ainda faço em situações diferentes, três palavras e significados fortes demorei, mas agora eu aprendi e elas estão na Bíblia. Assim disse Deus: Seja forte e corajoso(a) em Josué 1:9; domínio próprio em 1 Pedro 5:8; livre-arbítrio em Moisés 3:17.

Muitas vezes eu lia a passagem da Bíblia e não entendia o significado, então pesquisei na internet cada uma delas e foi então que pude perceber a força que existia: todos os momentos em que eu falava essas palavras e me recordava: está escrito! E assim eu escolho viver.

Como muitos dos processos de crescimento levam tempo, queremos ser precipitados! Ahhhh, como eu era precipitada e imediatista e errava por ter ações e condutas achando que era um sinal de Deus! Eu era cheia de mim mesma, arrogante, imatura! E me achava humilde e então fui novamente entender o significado de humildade, maturidade e a arrogância, posso dizer que o último foi um choque! Meu achismo só me levava às decisões ruins, eu orava e esquecia de pedir clareza sobre a direção, mais uma coisa que aprendi novamente! Em Tiago 4:3 diz: "Pedis e não recebeis (porque pedis mal)".

Foram tantos confrontos que vivi, debatia a Bíblia e pesquisas. E orava e perguntava, quando percebi já não era mais uma oração para Deus e sim uma conversa e sempre é maravilhoso. Eu não sou vítima e nem serei! O que não imaginava era que ali já estava uma menina quase mulher querendo ganhar o mundo e viver diferentemente daquilo que presenciei.

Então, eu bradava: eu posso escolher e não serei vítima das circunstâncias. Lembra que falei da arrogância? As intenções eram boas, mas veja como eu pensava. Essas são razões erradas, era muita frustração, e meus pensamentos e atitudes só endureciam meu coração.

Perceba mais um momento em que eu pensava e como era imatura nos motivos. Sou filha de Deus, o Criador, eu pedia para Ele me ajudar a ser forte, independente, a não depender de homem nenhum, ser bem-sucedida para fazer o que desejar e não sofrer ou ser discriminada.

Às vezes fico tentando imaginar como seria o rosto de Deus olhando para mim enquanto eu falo isso para Ele! Posso ouvir Ele falar: "Volte, estude mais, busque de forma correta seus objetivos e depois me peça o que desejar...".

Razões erradas por ideias que me apresentaram e o que vivenciei.

Nossa evolução é um processo que vivemos entre pessoas, porém a salvação e a sabedoria se dividem entre as experiências que temos e o que buscamos como autoconhecimento.

Conversei muito com Deus decretando que era o que desejava viver... Porém foi assim que começou a minha jornada, afinal Deus sabe o que é melhor para nós, certo? E ele me ajudou a aprender. Não foi bem do jeito que imaginei, pois eu precisava era entender que se eu pedi muito, eu teria o que desejava!

Como se eu soubesse o que é melhor para mim. Uma vez pedi para Deus com estas palavras e eu não sei se me envergonho ou dou risada pela forma imatura e desesperadora, perceba a minha abordagem... Eu disse: "Bom, Deus, o Senhor sabe que eu não tenho pai e nem sei quem é! Mas eu sei que é meu Pai e de todos aqui na terra, sendo assim eu reivindico meu direito de filha e peço que cuide de mim, por onde eu andar, com quem andar, deixe-me cair e levantar, mostre-me o que é bom e ensine-me a ter o sentimento de conquista! Eu sei que como Pai o senhor também não vai aliviar né, mas pelo menos passa um mertiolate menos ardido".

Pude aprender a conviver e entender regras e limites de pessoas diferentes em uma república de mulheres. Isso me fez crescer e entender os limites do outro.

Mas o que não tinha era um manual básico de como me relacionar com os homens, pois se o que eu mais vi durante a minha infância eram memórias dolorosas! E na minha mente era: homem não presta, mulher deve ser independente, se um homem paga sua conta ele já acha que pode mandar em você, não confie em homem bons demais para não se frustrar, homens são fracos e há os atrevidos a machões que adoram bater em mulher.

Recordo-me que eu era uma mulher agressiva e medrosa.

Hoje percebo como era assustada e certamente não era fácil para as pessoas com quem me relacionei conviver com aquela minha versão contraditória, e explicar os motivos que me levaram a agir de forma irracional para mim era demonstrar fraqueza (mais uma vez arrogante e orgulhosa), afinal tudo só se resumia no mundo que eu conhecia.

E sabe o que descobri? Que o medo de ver tudo se repetir me afastava de pessoas boas.

Eu namorava com um pé dentro e outro fora, pronta para correr, alguns tiveram mais paciência, com outros eu já me sentia desconfortável e terminava. Fato que essas pessoas eram decididas e desejavam meu bem, e eu não deixei se aproximarem o bastante para perceber. Quando era bom homem eu já achava que tinha armadilhas. Para cada pessoa eu tinha na mente uma fantasia criada por medo e crenças e histórias vividas por outras pessoas.

Eu me lembro, faz uns treze anos, como se fosse uma advertência... "Você me pediu para estar com você e eu estou, deseja ser bem tratada, respeitada, amada". E tive isso, porém o medo e a insegurança gritava nas minhas ações e eu esquecia do seja forte e corajosa! Boas pessoas conheci e ficaram no passado e foi nesse momento uma nova lição para meu crescimento.

Conheci uma pessoa e me apaixonei, foram anos de desafio... testa e opera! O que eu achava que daria certo eu testava! Mas nada era bom o bastante, então eu adoeci, ausência, falta de cuidado e zelo, amor e respeito eram coisas que não existiam mais. E isso estava visível nos primeiros meses.

E, muitas vezes, buscamos por orientação e conselho de pessoas que nada sabem.

Às referências de que eu precisava não tiveram. Eu vivi todo aquele desconforto da relação de aparência, sem contato físico nenhum, rejeitada pelo homem com quem escolhi morar, casa, ter uma empresa e uma filha.

Eu digo que fiz desde o Ensino Fundamental até o PhD pra entender que era disfuncional e doentio!

O que aprendi com isso é que as dores são as que mais nos ensinam. Fui permissiva, não fui mulher, fui mãe, não tinha amor era cobrança, rejeição e dor.

Percebo que não foi um acaso, dentre todas as dores vividas essa sobre não merecer um amor e família, isso era algo na minha vida que doía muito!

Os anos se passaram, eu me separei.

Fiquei por cinco anos cultivando o amor e a solitude graciosa, vivi mais tempo para Deus e aprendi mais. Aprendemos até mesmo com os relacionamentos de outras pessoas. Não sabemos o que cada um vive, é fácil criticar, um pouco de compaixão ajudaria a aliviar.

E como mencionei, desfrutei dos anos em que estava solteira, fiz cursos, li muitos livros, viajei muito! Estava feliz, porém não estava aberta. Um dia em oração eu falei: Senhor Jesus, eu me abro para viver o sobrenatural que o Senhor escolher. E foi em uma de minhas viagens para a Austrália que conheci o Jason. Quando nos olhamos pela primeira vez, não abrimos a boca, somente ficamos ali, parados, nos olhando por um bom tempo.

E uma linda e abençoada história começou, passei alguns dias na Austrália, e saí encantada com tanta beleza e hospitalidade! A sensação foi mútua, quando me deixou no aeroporto, sua vontade era que eu nunca mais fosse embora e eu finalmente senti isso sem medo, enfim pude sentir o mesmo!

Após dois anos com relação a distância, nós nos víamos a cada seis meses, conversávamos todos os dias e em abril, em Santorini, à luz do pôr do sol, ele me pediu em casamento com uma linda aliança! Chorei e lembrei da promessa: "Eu, seu Pai, vou te honrar perante os humanos".

Em julho de 2024, novamente outra fase incrível: o tão esperado casamento que meu marido organizou, tudo com amor! Eu estava no Brasil e ele organizando a festa. Achei lindo, gentil e aceitei receber o melhor da vida e doar amor, respeito, cumplicidade, harmonia sou agraciadas por Deus quando de fato me curei de feridas e traumas! Eu vivo isso um esposo amoroso, servo de Deus, fiel, zeloso, um pai amável para os filhos e protetor da família.

"A verdade é aquela
em que você
decide acreditar!"

Christiane Sampaio

Cris Brito

Sou Cristiane de Brito Pinho, carioca, 40 anos, mãe da Miriam e do André. Filha de Piérina e Celso, casada com o melhor marido do mundo, o meu José, que me presenteou com Gabriel e Matheus. Amo nossa família e ela é o grande motivo de hoje eu estar aqui.

Minha jornada tem sido marcada por experiências que moldaram quem sou hoje. Enfrentei a depressão, síndrome do pânico e a perda da minha mãe. As adversidades fizeram-me achar a força que havia dentro de mim. Por meio da inteligência emocional, desenvolvi o método 3G, que foca na gestão de pensamentos, sentimentos e ações.

Hoje, sou psicanalista, mentora e empresária, minha missão é ajudar você a descobrir sua força interior e transformar sua vida de dentro para fora.

crisbrito_oficial

+55 (21) 98633-5982

crisbritooficial

crisbp_24@hotmail.com

LEOAS

11 DE VOLTA À VIDA: A FORÇA QUE VEM DE DENTRO

Por Gris Brito

Era uma tarde como tantas outras, algo dentro de mim já não era igual, o olhar em meus filhos e todas as responsabilidades de uma vida adulta. Filha única, a relação com minha mãe sempre foi meu porto seguro. Ela era mais que uma mãe – era minha melhor amiga, confidente, a pessoa em quem eu confiava cegamente. Em meio às dificuldades diárias, eu sempre soube que podia contar com ela, e isso me dava força para continuar.

Quando tudo parecia estar caminhando, a vida apresentou-me a maior dor que já senti: a perda. O chão foi arrancado dos meus pés. A doença veio como um furacão, passei dias e noites ao lado dela no hospital, incapaz de imaginar deixá-la sozinha naquele lugar frio e distante, ela precisava de mim. Abandonei meu emprego para estar com ela, entreguei a Deus como pagaria o aluguel e o sustento dos meus filhos, que ficaram com meu pai. Nada mais importava além de estar ao lado dela, segurando sua mão.

Os dias que seguiram à sua partida foram os mais sombrios da minha vida. A tristeza profunda instalou-se e a solidão envolveu-me como uma densa névoa. Eu me vi afundando em um mar de dor, minha saúde mental começou a se deteriorar, e com ela, minha capacidade de cuidar de mim e dos meus filhos.

No entanto, havia uma centelha que recusava a se apagar. Aos poucos, decidi não deixar a dor me definhar. Decidi abrir um *studio* de sobrancelhas e realizar o sonho de empreender. O que eu não sabia é que seria tão difícil, as contas não fechavam. Logo a depressão veio com tudo, arrebentou meu emocional inteiro e comecei a desacreditar de mim, quase morri por isso.

Eu pedia ajuda a Deus e ele ficava calado e fui indo para um lugar frio, sombrio e sem paz. Esse lugar estava em condições inapropriadas para a vida, esse lugar era dentro de mim. O sofrimento era tanto que nenhum remédio fazia passar aquela dor, eu passei a acreditar que a única forma de deixar de senti-la seria a morte. Eu quis encontrar Deus, mas Ele não permitiu, nem isso estava no meu controle. Eu não sabia que aquela dor me faria crescer e perceber que tudo o que eu pedia, **Ele** já havia colocado dentro de mim. Todos os recursos estavam aqui, eu só tinha que os encontrar, então comecei uma jornada incansável pela minha cura.

A inteligência emocional abriu janelas necessárias para minha mente expandir. Por meio dela, eu tive acesso à Neurociência, à PNL, à Psicanálise, ao estoicismo e à meditação. Extraí as melhores ferramentas de cada um deles para conseguir acessar a força que estava soterrada com preocupações, tristezas, lágrimas e medos.

Veio a pandemia, eu estava saindo da última crise de pânico e depressão, então falei: "Vou usar esse tempo para me curar" e, durante o isolamento social, estudei sobre todos esses temas que citei e apliquei tudo que eu aprendia. Eu não sabia se daria certo, mas eu precisava me agarrar à minha única chance.

Hoje, sem medicação e sem recaídas há três anos, em crescimento pessoal e profissional, vivo um relacionamento incrível com o homem da minha vida, que me apoia e nós nos doamos por inteiro. Consegui um relacionamento mais tranquilo com meu pai e meus filhos, retornei ao berço familiar rodeada pelas incríveis mulheres da família Brito.

A gestão emocional muda tudo, e hoje, com uma visão psicanalítica, aprendi que o sofrimento são duas forças que geram conflitos, se eu tiro a minha resistência, logo o sofrimento perde a força. Eu não posso flertar com o que me atormenta. A dor faz parte do processo de cura, esse vazio só vai passar quando você mergulhar dentro de si e encontrar os recursos que Deus colocou aí dentro, a prática da meditação ajudou-me nesse reencontro. Mais para frente vou apresentar um guia, um passo a passo para ajudá-lo(a) nessa jornada.

Hoje, a minha missão é ajudar pessoas a saírem do automático com o método 3G, uma ferramenta que me ajudou a reconstruir minha vida. Antes de falar sobre o meu método, gostaria de enfatizar que, quanto mais simples for o processo, mais eficiente ele se tornará. As pessoas têm por cultura imaginar que apenas coisas complexas e cheias de fórmulas mágicas funcionam. Pare já com isso, a espera desse milagre só leva a piorar quadros de ansiedade e tristeza.

Convido você para uma jornada onde o simples e o básico, feitos todos os dias, funcionam. Eu garanto! Agora, convido você a caminhar ao meu lado nessa jornada. Este livro é mais do que uma história de superação; é um guia para que você também desperte a força que existe dentro de você. Se eu consegui, você também pode. Vamos transformar a dor em poder e construir uma vida cheia de realizações. A jornada pode ser difícil, mas com determinação e coragem, não há limites para o que podemos alcançar. Vamos juntas!

Método 3G

1º) Saia do arquétipo da guerreira. Dar conta de tudo vai deixá-la sobrecarregada. Assuma o posto da rainha que você é e entregue os pesos a quem de fato eles pertencem.

2º) Você precisa identificar tudo o que lhe provoca gatilhos mentais e afastar-se deles. Precisei remover fotos da minha mãe, foi uma atitude difícil, mas que eu precisava fazer naquele momento até me fortalecer. Outra coisa é evitar os noticiários; não é se alienar, selecione o que precisa saber, de fato, na internet. O sistema quer que a nossa mente adoeça, mentes doentes são mais fáceis de manipular com o medo.

3º) Agora você vai fazer o contrário; liste o que lhe faz bem, o máximo que puder. Um cheiro de que você gosta, um sabor (suco, comida), filmes, pessoas, lembranças, roupas, cores, plantas, pássaros, músicas, livros, qualquer coisa! Anote tudo e cerque-se de tudo isso, deixe-os no seu campo de visão. A ideia aqui é usar a neurociência a nosso favor. A microfelicidade libera neurotransmissores como endorfina, serotonina, dopamina e ocitocina. Temos uma farmácia interna a nosso favor, vamos acessá-la. Lembre-se: não existe fórmula mágica, é o simples e o básico feitos todos os dias.

4º) Levante da cama, corra dela! Nosso cérebro é preguiçoso, ele quer poupar energia o tempo todo, precisamos confrontá-lo. Quanto mais ficamos na cama, menos vontade temos de agir e as chances de cura são menores. Arraste-se, mas saia da cama!

Agora que você já preparou o seu ambiente, removendo os gatilhos e adicionando as micro felicidades, você está pronta para iniciar, vamos em frente.

Compreender que tudo inicia no pensamento, traz a clareza que precisamos para governarmos os sentimentos e ações provenientes dele.

Gestão de pensamentos

Nosso primeiro pensamento é sabotador por um mecanismo de defesa do nosso subconsciente, cabe a nós confrontá-lo. Quando vir o pensamento de medo, angústia, tristeza... A primeira coisa é questionar!

— Por que estou pensando isso?

— Isso é verdade?

— O que eu posso fazer em relação a isso?

Preste atenção em cada resposta e a questione da mesma forma. Você vai perceber que esse primeiro pensamento perde a força e que respostas surgem. Você sai de um ciclo de repetição e programação quando começa a fazer isso repetidamente. Um horizonte se abre e consequentemente seus sentimentos e ações em relação àquele pensamento também mudarão. É uma cascata!

Gestão de sentimentos

Sabe quando bate aquela angústia e a gente não sabe o porquê? Não sabemos ainda, mas vamos confrontá-la da mesma forma que fizemos com nossos pensamentos.

— Por que estou sentindo isso? (O sentimento ruim geralmente está relacionado a um gatilho, questione-se até entender o que levou você a esse quadro de angústia).

— Tenho motivos reais para sentir isso agora?

— O que posso fazer para me sentir melhor? (Uma dica é respirar fundo várias vezes, ajuda a oxigenar nosso cérebro trazendo mais clareza mental e direcioná-lo para as micro felicidades ajudará com a liberação de neurotransmissores responsáveis pelo bem-estar).

A partir disso, você encontrará meios para lidar com esses sentimentos. Freud[1] nos fala que o trauma, quando vem para o consciente, perde a força, pois teremos mecanismos para lidar com ele. E dentro desse contexto psicanalítico, vamos gerindo esses pensamentos e sentimentos com mais clareza e, assim, criando novas sinapses cerebrais.

Gestão de ações

Quantos problemas teríamos evitado se soubéssemos gerir melhor nossas ações automáticas? Certa vez, eu estava arrumando

1 Teoria freudiana abordada por Anna Freud em **O ego e os mecanismos de defesa**, de 1946.

a casa e com humor insuportável, estava no modo automático, sem entender aquilo. Até que respirei profundamente por algumas vezes seguidas, sentei-me no sofá e perguntei-me:

— O que está acontecendo?

— Por que você está assim?

Vieram inúmeras respostas, mas nenhuma fazia sentido naquele momento e ali eu fiquei em um confronto comigo mesma, eu não aceitava. Até que meu subconsciente mandou a resposta: "Você está na TPM!". Putz, batata! Fui olhar o calendário e faltavam poucos dias. E aí veio a terceira pergunta:

— O que eu posso fazer em relação a isso?

Avisei ao marido e aos filhos, preparando o terreno para evitar confrontos, terminei a faxina com mais consciência e clareza, peguei uma roupa confortável, tomei um banho quente, preparei o meu quarto com microfelicidades e fiquei ali.

Tudo fluiu de forma diferente, não houve desgastes, que só iriam me deixar mais tensa. Eu estava à frente das minhas ações! Gerir nossos pensamentos, sentimentos e ações é tão importante como a água para nosso corpo. Dessa forma, saímos do automático e estamos à frente da nossa própria vida.

Para praticar esse método, eu aconselho o último passo: insira na sua rotina a prática da meditação, pode ser um minuto, cinco minutos, mas faça.

Feche seus olhos e imagine-se mergulhando dentro de você no cenário de uma bela lagoa azul, dando mergulhos profundos e voltando à superfície. Faça isso de forma simples e básica, todos os dias. Lembre-se: todos os recursos estão aí, Deus já os colocou!

Quando menos esperar, sem perceber, você estará vivendo a vida incrível que o(a) espera e eu estarei com você, entre em contato pelas redes sociais. Vejo você lá!

Meus agradecimentos a: Deus, meu marido, meus filhos, meus pais, as mulheres da família Brito, em especial a mãe Isa, meu dindo e meus amigos. Mãe (*in memoriam*).

"O simples e o básico
feitos todos os dias.
Não esqueça!"

Gris Brito

Danielle Jaques

Sou Danielle Jaques, advogada, formada pela Universidade Estadual do Rio de Janeiro (UERJ) e escritora por paixão.

Após a dissolução traumática de uma sociedade e o término de um relacionamento com um narcisista, passei por um período de muita dor e desconexão espiritual. Em uma noite de intenso desespero, em que quase tirei a minha vida, Deus me resgatou.

Foi me reconectando verdadeiramente com Deus que descobri a minha verdadeira identidade. Deus não apenas reconstruiu a minha vida, Ele me transformou em uma mulher curada, pronta para inspirar outras a enfrentarem e superarem seus próprios desafios.

Hoje, divido meu trabalho com essa jornada de resiliência, demonstrando, por meio do meu testemunho, como Deus pode transformar as mais difíceis circunstâncias.

daniellejaques

+55 (21) 99352-8968

LEOAS

12 DO VALE DE OSSOS SECOS AO ENCONTRO DA ÁGUA VIVA

Por Danielle Jaques

O ano de 2024 foi o ano em que eu morri. Não uma morte física, mas uma morte da alma, um sufocar de tudo o que eu era. Após a dissolução da sociedade que eu, por anos, sonhei e o término de um relacionamento abusivo com um narcisista, eu me encontrei esvaziada, despida de vida, como os ossos secos[1] no vale que o profeta Ezequiel contemplou. A esperança evaporou, e meus dias tornaram-se noites intermináveis, um ciclo sem fim de escuridão e dor. Eu estava perdida em um oceano de desespero, incapaz de respirar e ver a luz na superfície.

Por muito tempo, eu fui prisioneira da dependência emocional. Subjugada a uma relação profissional que me minava, acreditava não ser capaz de trilhar meu caminho sozinha. Entreguei-me a jornadas exaustivas, sonhando solitária por uma parceria societária que só existia na minha cabeça. O mesmo cenário repetiu-se no meu último relacionamento amoroso, em que permiti que a minha autoestima fosse esmagada, aprisionada por abusos que quase me levaram a acabar com a minha própria vida.

Em ambas as relações eu me tornei refém de uma prisão sem grades, mas cujas paredes eram construídas por sentimento de culpa e autossabotagem. Não sabia mais dizer "não". Não havia mais limites, e, sem limites, a dor se espalhou como um veneno. O abismo entre mim e aqueles que me feriram parecia intransponível, uma distância imensa de rancor e ofensa que eu não conseguia atravessar. E, no entanto, essa incapacidade de me expressar, de impor fronteiras saudáveis, fez com que eu acumulasse ressentimentos, e qualquer pequena ofensa, vinda

1 **Vale de ossos secos – Ezequiel 37:1-14:** o texto faz referência ao Vale de Ossos Secos, onde o profeta Ezequiel é levado por Deus e vê um vale cheio de ossos que ganham vida.

até de quem nada tinha a ver com o meu sofrimento, transformava-se numa explosão de dor reprimida.

Eu estava cega e surda para a verdadeira fonte de sustento e proteção. Mas, em meio ao meu desespero, Deus não me abandonou. Com paciência e amor, Ele cuidou de mim, abriu meus olhos e me mostrou um mundo novo, em que a esperança ainda existia. Ele me deu sabedoria para entender que eu precisava aprender a dizer "não", a proteger meu coração e minha mente das armadilhas emocionais que me afastavam de uma vida plena e em paz.

Mas esse processo não foi fácil. Foi um vale profundo, uma jornada pela escuridão. Como a mulher samaritana[2], que buscava água[3] para saciar sua sede, eu também procurei, em meio à dor, algo que pudesse me restaurar. Com o apoio de duas mulheres de Deus maravilhosas, minha vizinha Débora e a pastora Nadyege Macário, comecei a recolher os pedaços do que havia sobrado de mim e busquei saciar uma sede que o mundo não conseguia preencher. Encontrei, não naquilo que havia escolhido anteriormente, mas na intimidade com Deus, a resposta para a minha angústia.

Por muito tempo, depositei a confiança que só cabia a Deus em pessoas e circunstâncias, e, por isso, decepcionei-me tanto. Assim como a mulher junto ao poço, eu buscava uma água que saciasse minha alma, mas tudo o que encontrei foram poços secos.

Sem forças para sonhar ou dar vida aos projetos que um dia haviam brilhado em minha mente, eu me tornei como um vale de ossos secos, sem carne, sem vida, sem propósito.

Minha mochila, que antes estava cheia de sonhos e ambições, agora pesava, cheia de carcaças, sem vida. Foi preciso que tudo ruísse para que eu percebesse que o que havia construído não estava nos planos de Deus, e por isso não me fazia sentir, viver ou acreditar. Eu achava que poderia fazer tudo na força do meu braço, mas na verdade era a mão de Deus que estava abrindo e fechando portas em minha vida. Ele estava retirando pessoas que me faziam mal, sepultando-as no meu coração e me conectando com aquelas que estavam alinhadas ao meu propósito.

2 **Mulher samaritana – João 4:1-26:** o encontro de Jesus com a mulher samaritana no poço de Jacó, em que Ele fala sobre a "água viva" que sacia a sede eterna.

3 **Água viva – João 4:13-14:** Jesus oferece à mulher samaritana a água viva, que sacia para sempre a sede espiritual.

Naquele momento, como os ossos secos no vale, eu precisava de algo além de mim mesma para viver novamente. Foi no meio desse vale de morte e desolação que eu conheci verdadeiramente a Deus. A mesma voz que ordenou a Ezequiel que profetizasse[4] vida sobre os ossos secos falou ao meu coração.

Com o tempo, comecei a me reconectar com minha essência, a descobrir minha verdadeira identidade em Cristo e a abrir espaço para novas possibilidades. Tal como Jesus ofereceu à mulher samaritana a água viva, que sacia toda sede, eu encontrei em Deus a fonte que restaurou meu ser. Ele me fez enxergar o céu novamente, a descansar em Seus braços, e a cuidar do meu corpo, mente e espírito.

Nesse processo de renascimento, fui desafiada a mergulhar nas águas do perdão[5], enfrentar o passado sofrido e encontrar, na dor, a esperança. Percebi que perdoar é transformar a dor em ponte, é cruzar abismos de rancor e subir ao monte, onde a luz da redenção ilumina até os corações mais sombrios. O perdão tornou-se o bálsamo que acalma, transbordando paz e trazendo cura ao meu coração partido. Ao perdoar, encontrei cura para minha alma, assim como a mulher samaritana encontrou a água viva que transformou sua vida.

Hoje, com uma mochila mais leve, enxergo os desafios com um novo olhar. Aprendi que não preciso trabalhar incansavelmente para me sentir realizada, pois o verdadeiro sucesso está em viver de acordo com a essência e o propósito que Deus me deu. Os ossos secos em minha vida ganharam carne, vida e propósito. Como a mulher que, após encontrar Jesus, deixou seu cântaro para anunciar a boa nova, eu também abandonei os pesos desnecessários e sigo adiante, consciente dos valores que fazem meu coração vibrar.

Em meio às tempestades da vida, vivo o início de uma nova fase, abençoada por Deus, ciente que quando os ventos da adversidade tentaram me derrubar, Deus fortaleceu as minhas raízes, tornando-me mais resiliente.

Agora, com fé inabalável, avanço rumo ao meu propósito, sabendo que cada obstáculo foi uma oportunidade para crescer.

4 **Profetizar vida – Ezequiel 37:4-6:** a ordem de Deus para Ezequiel profetizar sobre os ossos secos, trazendo-os de volta à vida.

5 **Mergulhar nas águas do perdão – Mateus 6:14-15:** a importância do perdão como uma chave para a cura e a libertação espiritual.

O ano de 2024 foi o ano em que eu morri, mas também foi o ano em que renasci. Foi o ano em que minha antiga vida, marcada por dores, prisões emocionais e sonhos despedaçados, encontrou seu fim no vale de ossos secos.

Nesse renascimento[6], descobri que a morte que experimentei não era o fim, mas o início de uma vida que transcende o tempo[7] e o espaço. Ganhei vida, que não apenas preenche o vazio, mas transborda em propósito, paz e alegria. Morri para o que não me servia mais, mas ganhei uma nova identidade, forjada na fé, moldada pelo amor divino e sustentada pela promessa da eternidade.

Agora, caminho com passos firmes, consciente de que 2024 foi o ano em que abdiquei do que era temporário e abracei o que é eterno[8]. Renasci para viver uma vida alinhada com o céu[9], uma vida que ecoa o som da eternidade em cada batida do meu coração. E, como Jesus ressuscitou no terceiro dia, eu também ressurgi, para viver não apenas o hoje, mas para sempre, na plenitude da vida que Ele me concedeu.

Se você se encontra em um vale de ossos secos, sem forças para sonhar ou viver, ou se está buscando saciar uma sede profunda, saiba que Deus é capaz de soprar vida[10] sobre o que está morto e oferecer a água viva que você tanto procura.

Permita que Ele entre em sua vida, restaure o que foi quebrado e traga luz à escuridão. Abandone agora os fardos que não lhe servem mais e siga o caminho que Ele preparou para você.

Mesmo que doa, mesmo que demore[11], saiba que Deus nunca falha, e Suas promessas[12] são firmes e vivas. Nos momentos de maior dor, lembre-se de que é preciso, às vezes, passar por uma crise para se aproximar de Deus, atravessar um deserto para se preparar para bênçãos

6 **Renascer em Cristo – 2 Coríntios 5:17:** "Portanto, se alguém está em Cristo, é nova criação. As coisas antigas já passaram; eis que surgiram coisas novas".
7 **O tempo de Deus é perfeito – Eclesiastes 3:11:** tudo é feito belo no tempo de Deus.
8 **A promessa da eternidade – João 10:28:** "Eu lhes dou a vida eterna, e elas jamais perecerão; ninguém as poderá arrancar da minha mão."
9 **O caminho de Deus – Isaías 55:8-9:** os caminhos de Deus são mais altos que os nossos, e Seus pensamentos, mais altos que os nossos pensamentos.
10 **O sopro de vida de Deus – Ezequiel 37:5:** "Assim diz o Soberano Senhor a estes ossos: Farei um espírito entrar em vocês, e vocês terão vida".
11 **Descansar no Senhor – Salmos 37:7:** descansar no Senhor e esperar pacientemente nEle.
12 **As promessas de Deus – 2 Coríntios 1:20:** as promessas de Deus são sempre cumpridas em Cristo.

maiores. Pode ser necessário começar de novo, perder algumas coisas, ou seguir sozinho, mas tudo isso é parte do processo de encontrar o novo que Ele tem para você.

Lembre-se, o tempo de Deus é perfeito, desenhado com mãos divinas que traçam cada segundo com precisão. Nele, há um silêncio sagrado que convida a calar, a parar de correr contra o vento da ansiedade.

É nesse momento em que você se sente sem forças que Deus o(a) chama a profetizar sobre a sua vida, declarando em voz alta as promessas e sonhos que ele já te deu, pois é no vale de ossos secos, em que achamos que não há mais vida, que se desenrolam os planos divinos que vão além do que os nossos olhos podem ver.

E, ao final, assim como os ossos secos no vale ganharam vida, sua história será transformada para refletir a luz e o amor que só Deus pode oferecer. Descanse Nele e permita que Ele transforme seu vale de ossos secos em um jardim de vida abundante[13].

13 **Jardim de vida abundante – João 10:10:** Jesus veio para que tenhamos vida, e vida em abundância.

“Ao perdoar, encontrei cura para minha alma, assim como a mulher samaritana encontrou a água viva que transformou sua vida.”

Danielle Jaques

Erika Galluzzi

Sou Erika Galluzzi, de Santos/SP, 46 anos. Pedagoga, pós-graduada em Alfabetização e letramento, 31 anos de experiência na área educacional. Nos últimos sete anos, atuando também como terapeuta.

Mãe da Luanny e de três gatos: Kai, Biber e Blue. Apaixonada pelo mar, encontro nele minha conexão com Deus. Idealizadora do método terapêutico Beija-Flor, que ajuda pacientes a se conectarem com sua força interior.

Encontrei força em meio à dor, redefini meu propósito, permitindo-me contribuir de forma mais significativa na vida de tantas pessoas. Acredito que, por meio do meu trabalho e, agora, como autora por meio das palavras, posso continuar a inspirar e ajudar outros a encontrarem força e sentido em suas próprias jornadas.

erikagalluzzi

+55 (13) 99144-1284

LEOAS

13

A BELEZA OCULTA NA DOR: VIDA APÓS A ESCURIDÃO

Por Erika Galluzzi

Acordei com o som de risadas vindo da sala. O sol entrava suavemente pelas frestas da cortina, e a casa parecia mais viva do que nunca. Ouvi a vozinha animada da minha filha, misturada com as gargalhadas do meu marido, e não pude deixar de sorrir. Levantei-me devagar, sentindo a leveza daquele momento e fui em direção à sala.

Quando cheguei, a cena que vi foi simplesmente mágica. Minha filha corria de um lado para o outro, cheia de energia, enquanto meu marido tentava acompanhá-la com passos exagerados e brincalhões. Lola, nossa cachorra, também estava ali, pulando ao redor deles e abanando o rabo como se estivesse dançando.

Sem pensar duas vezes, entrei na brincadeira. Comecei a dançar junto com eles, pulando de um lado para o outro, e me entregando àquele momento de pura alegria. As risadas misturaram-se às latidas felizes de Lola, e por alguns minutos, era como se o mundo lá fora não existisse. Só havia nós quatro, naquele pequeno universo de felicidade.

Enquanto dançávamos, senti uma onda de plenitude me invadir. Por um instante, parei para observar a cena, como se quisesse eternizar cada detalhe na memória. Olhei para minha filha, tão cheia de vida, e para meu marido, com o sorriso mais largo que já vi. Lola, fiel companheira, corria ao nosso redor, completando aquele quadro perfeito.

Naquele dia, eu me senti completa de uma maneira que as palavras mal conseguem descrever. Era como se todas as peças do meu mundo estivessem no lugar certo, e tudo de que eu precisava estava ali, na minha frente. Senti uma paz profunda, uma certeza de que, independentemente do que o futuro trouxesse, aquele momento de felicidade seria sempre meu.

Minha ligação com o Ale sempre foi intensa, algo que transcende a compreensão comum. Nós nos conhecemos e, em apenas um mês, decidimos que éramos feitos um para o outro. Foi rápido, sim, mas também inevitável. Desde o primeiro instante, estávamos conectados de uma forma que só faz sentido para nós. Éramos grudados, inseparáveis. Onde um estava, o outro logo aparecia. Mais do que marido e mulher, éramos parceiros de vida, companheiros em tudo, compartilhando sonhos, lutas e momentos de pura felicidade.

Já havíamos enfrentado diversos desafios juntos, mas nenhum se comparava ao que passamos quando nossa filha nasceu. Pouco tempo depois do seu nascimento, descobrimos que ela tinha um problema grave na perna. Foi um período difícil, que exigiu um equilíbrio delicado entre nós para suportar todo o processo. Havia tantas consultas, tratamentos, noites em claro... mas em nenhum momento eu me senti sozinha.

Nos momentos mais difíceis, quando me sentia à beira de desabar, bastava um olhar dele para que eu encontrasse forças. Ale tinha esse jeito de me envolver com carinho, de me lembrar que, independentemente do que viesse, estaríamos juntos para enfrentar. Ele sempre soube como me acalmar, com uma palavra, um abraço, ou simplesmente com a sua presença. Sentia uma segurança profunda, uma confiança que nascia da certeza de que ele estava ali, e que, juntos, éramos mais fortes.

Esses desafios nos uniram ainda mais, e cada vez que olhávamos para nossa filha, sabíamos que todo o esforço, toda a dor compartilhada, valia a pena. Porque, acima de tudo, tínhamos um ao outro. E isso era tudo. Nossa filha ficou curada e essa cura foi um presente, um alívio indescritível que trouxe uma nova luz para nossa vida.

Com a cura da nossa filha, voltamos a sonhar e decidimos dar um novo passo: compramos um restaurante e começamos a construir nosso sucesso, passo a passo. Foram muitas noites em claro, trabalho duro, mas estávamos felizes e motivados. No entanto, algo mudou, Ale começou a sentir fortes dores no ombro e no pescoço, que pioraram até o ponto em que ele "travou" e precisou ser levado de resgate ao hospital.

Iniciou-se um processo de investigação médica. Começou a perder os movimentos, tornando-se incapaz de andar e com dificuldades para mexer as mãos. Então, veio o diagnóstico devastador: estava tomado pelo câncer. Quando perguntei sobre o tratamento e o tempo de vida, o médico respondeu que só haveria remédios para aliviar a dor, com uma sobrevida de dias, talvez meses, se tivéssemos sorte.

Entrei em desespero. No corredor do hospital, dava socos nas paredes, incapaz de conter a dor. Parecia um filme de terror, com meu mundo desabando ao meu redor. A única alternativa que eu tinha era suportar tudo por ele. Decidi lutar bravamente, sem demonstrar nada do meu desespero. Passei a morar no hospital, enquanto minha filha ficou aos cuidados da minha mãe.

Meu irmão, que é meu outro grande amor, esteve ao nosso lado diariamente no hospital. Ele e Ale sempre tiveram uma ligação especial, e Ale o adorava. A presença do meu irmão nos dava força para enfrentar aquela batalha juntos.

Estávamos no andar de pacientes terminais, onde conheci várias histórias e vi o quanto as pessoas lutavam por mais um dia de vida. Com o Natal se aproximando, minha mente estava dividida entre a esperança de poder levar Ale para casa para passar seu último Natal e o medo esmagador de estar no hospital durante essa época.

Em nenhum momento Ale demonstrou medo ou falou sobre a morte, e eu também não tive coragem de tocar nesse assunto. Mas houve um dia em que ele olhou para mim e disse: "Eu deveria ter trabalhado menos". E, com uma serenidade surpreendente, me aconselhou: "Viva! Aproveite intensamente cada segundo da sua vida".

Após três meses, chegou o dia do seu desencarne. Foi enlouquecedor; a dor que senti era indescritível, algo que não consigo mensurar. Fui tomada por uma revolta absurda contra Deus. Como podia um homem como Ale, com tanta fé e bondade, que acreditava em milagres, morrer assim? Por que com a minha família?

Durante o velório, ao fazer uma homenagem no microfone, não consegui conter minha angústia e revolta. Questionei em voz alta: "Que Deus é esse? Deus não existe! O milagre não aconteceu". Minhas palavras refletiam o desespero e a descrença que tomavam conta de mim.

Nesse momento de desespero, meu irmão se aproximou e disse: "Irmã, você não percebeu? O milagre aconteceu. Foi a existência dele em nossas vidas".

No livro *A cabana* (2017), de William P. Young, há uma frase que diz: "Por que não com você?". Essa frase reflete a ideia de que, mesmo em meio ao sofrimento e à dor, a pergunta sobre o propósito e a escolha de como lidar com esses desafios é central para a nossa jornada de cura e crescimento.

Após dez anos de casada, eu me vi sozinha, destruída e sem forças para continuar. Repetia para minha família: "Eu morri com ele!".

O Natal daquele ano foi em preto e branco, e o Ano Novo parecia sem sentido. Eu me sentia como um zumbi, sem energia para sair da cama, tomar banho ou realizar qualquer atividade cotidiana.

Em um domingo, deitada no quarto escuro, minha filha, com apenas cinco anos na época, entrou no quarto e se sentou na beira da cama. Olhou para mim e, com uma simplicidade e sabedoria que só uma criança pode ter, disse:

"Mãe, o dia tá lindo!" — algo que Ale costumava dizer. "Papai não quer ver você assim. Levanta da cama. Vamos viver!".

Suas palavras, tão puras e diretas, eram um lembrete de que eu precisava continuar, mesmo em meio à dor profunda. Eu me levantei por ela. Hoje, entendo que não foi apenas por ela, mas também pela minha grande missão. Sua força e suas palavras ajudaram-me a reconhecer que havia algo mais que precisava ser feito, uma missão a cumprir que ia além da minha dor.

A batalha ainda era imensa. Meu financeiro estava completamente desorganizado, com muitas ações trabalhistas e uma série de problemas. Cada dia trazia novos desafios, e eu precisava enfrentar tudo isso enquanto tentava reconstruir minha vida.

Diariamente eu me perguntava como ele tinha ficado tão doente. Era um homem saudável, que não bebia nada alcoólico e mantinha uma alimentação equilibrada. Como isso podia ter acontecido? A pergunta pairava em minha mente, sem resposta.

Durante uma trilha no gelo em uma viagem ao Chile, senti uma enorme presença de Deus e uma sensação clara de que Ele estava falando comigo. A mensagem que recebi foi: "Não se pergunte o porquê, e sim o para quê".

A resposta veio com força: Ale era uma pessoa incrível, mas que engolia suas emoções, e seu câncer primário estava no estômago. Lembrei das diversas histórias que conheci no hospital e percebi a conexão entre "emoções e doenças". Decidi que iria trabalhar com isso e que Ale viveria em cada pessoa que eu atendesse.

Comecei fazendo cursos de inteligência emocional e *coaching*, e comecei a atender. Mas sentia que ainda não era o suficiente. Foi então, durante meu próprio processo de cura, que senti o chamado para as terapias integrativas. Olhar para o indivíduo como um todo, especialmente para as questões do inconsciente.

Vejo claramente que a presença de Deus esteve presente o tempo todo, mesmo quando estava tão descrente. Cada peça do quebra-cabeças foi se encaixando de forma surpreendente.

Meu consultório tornou-se um pedaço do céu, onde tantas curas acontecem. Tenho que ser bem sincera: a Erika que existia antes de tudo isso jamais seria capaz de realizar um trabalho assim.

Nas profundezas da dor, encontrei uma beleza inesperada que me guiou de volta à vida. Aprendi que, mesmo nas circunstâncias mais sombrias, há uma luz esperando para nos mostrar que, após a tempestade, a vida renasce com ainda mais intensidade. A jornada foi árdua, mas cada passo me revelou que a transformação é possível, e que há sempre um novo amanhecer, mesmo depois das noites mais longas.

E assim, com o coração renovado e a fé restaurada, compreendi que a dor não marca o fim, mas sim o início de uma nova vida cheia de propósito. Agora, é sua vez de descobrir a beleza oculta em suas próprias cicatrizes e permitir que elas a guiem rumo à sua própria transformação. Se você sente que precisa de apoio nesse processo, estou aqui para ajudar. Entre em contato comigo pelas redes sociais ou pelo WhatsApp. Juntas, podemos encontrar a luz que você procura.

Deixo um QR code com a meditação *Aumentando o volume do coração* como presente.

Referência

YOUNG, W. P. **A cabana**. Trad. Alves Calado. Guarulhos: Arqueiro, 2017.

"A dor nos molda,
mas é a beleza oculta
nela que nos liberta."

Erika Galluzzi

Estéfani Schuvartz

Sou Estéfani Schuvartz, natural de Veranópolis/RS e resido nessa cidade com parte da minha família.

Sou mentora e terapeuta emocional, multiplicadora do método Fluxo, formada em Terapia de Reprocessamento Generativo, especializada em Leitura Corporal e Comportamental com ênfase em pessoas com deficiência e TDAH.

A minha história de sucesso não foi sempre assim, superei grandes desafios tendo uma deficiência física e um transtorno do neurodesenvolvimento, mas estou superando cada um desses desafios com resiliência e transformação por meio do autoconhecimento, e desejo que, independentemente de ter ou não uma condição que o(a) desafie no dia a dia, você possa fazer o mesmo.

estefanialemdaslimitacoes

+55 (54) 99187-4979

Estéfani Schuvartz

LEOAS

14

O MILAGRE DA COMUNICAÇÃO: TRANSFORMANDO DORES EM VOZ

Por Estéfani Schuvartz

Neste capítulo, você vai conhecer a minha história, na qual eu experienciei muitas dores, tanto físicas como emocionais, muitos traumas, bloqueios e muitos procedimentos invasivos, já na primeira infância. Você também vai entender como consegui ir além das perspectivas e prognósticos médicos, que não eram bons, chegando a um nível em que a comunicação é fluida. Assim sendo, eu me formei mentora e terapeuta emocional, ajudando pessoas com paralisia cerebral e TDAH, dando voz a elas.

Desejo que este capítulo traga luz a muitas pessoas que se encontram num momento desafiador.

Desde a infância, minha vida foi marcada por muitos desafios. Faltando uma semana para meu primeiro ano de vida, tive três crises convulsivas, e a última foi mais grave e a que marcou como o milagre da minha vida e, com isso, eu fui diagnosticada com encefalopatia crônica não progressiva da infância, conhecida como **paralisia cerebral**.

Por muitos anos nos perguntamos o que a ocasionou, pois depois das crises eu acordei sem nenhuma sequela. Da realização dos exames para descobrir a causa das crises até a consulta médica, levamos em média um mês de espera, e, nesse período, não tive mais nenhuma intercorrência, estava quase caminhando, mas tudo mudou após uma medicação, em que a dosagem foi muito alta e as sequelas se agravaram.

Médicos, profissionais, tratamentos e procedimentos cirúrgicos invasivos começaram a fazer parte da minha vida. Fui por dois anos e meio para Porto Alegre, até a AACD, depois continuei na APAE da minha cidade conciliando com a escola.

O período em que a criança vive a melhor fase e a mais importante, que é a sua infância, para mim foi marcado por muitos desafios, dores físicas, medos, incertezas e uma luta incansável para poder andar. Até os 7 anos é a fase que o cérebro tem maior plasticidade e, com isso, eu ainda tinha chances de andar, assim a minha família lutava incansavelmente para que isso acontecesse.

Meus pais sempre foram separados, eu moro com minha mãe e meu pai mora no Paraná, e a ausência paterna e a minha condição física fizeram-me amadurecer de forma muito repentina, sem escolha de questionar as situações.

Houve um período em que eu tinha inúmeras crises de choro e não era compreendida pela família e nem por mim mesma. Eu tentava sempre dar o meu melhor. Os boletins escolares demonstravam o quanto eu era inteligente e capaz de aprender, mas meu cérebro não parava um segundo sequer, levando-me a crises de choro, quando não tinha mais força para manter a tranquilidade.

A paralisia cerebral afeta a coordenação motora e isso inclui a comunicação, eu falava de uma forma que apenas a minha família e pessoas que conviviam comigo diariamente eram capazes de entender o que eu comunicava, mesmo fazendo sessões semanais de fonoaudiologia. Nessa fase, eu comecei a me questionar também, se algum dia alguém iria me enxergar e entender minhas necessidades e anseios, esses que eu não conseguia mencionar, incluindo a dificuldade de aprendizagem.

Na adolescência, eu cheguei a ir para Belo Horizonte/MG, no Hospital Sarah Kubitschek, um hospital de referência para pessoas com deficiência, e lá disseram para meus pais, na minha frente, que realmente eu não iria andar, mas podiam focar na questão cognitiva que era muito boa.

Desde cedo aprendi a ignorar as minhas próprias dores e necessidades, pois já havia tantas pessoas sofrendo, que eu achava que tinha que ser diferente delas, ser corajosa, forte e resiliente, e assim permaneci até a adolescência, quando eu comecei a ter indícios de depressão, com problemas graves de estômago, crises de enxaqueca e a permanecer cada vez mais introspectiva.

Segui sendo forte até os 20 anos, quando meu pai se separou da mãe do meu irmão do meio, que se chama Pedro Henrique. Ali foi o momento em que percebi que a minha história estava se repetindo com a do meu irmão e eu fui convidada a olhar para dentro de mim de forma dolorosa. Todos nós, em algum momento da vida, somos convidados a despertar, e lembro-me, como se fosse hoje, o dia em que pedi a Deus que ele mostrasse o caminho, pois daquela forma não dava mais.

A primeira resposta foi conhecer o Rodrigo Costa, hoje concorrendo a vereador pela terceira vez na minha cidade. Nós nos conhecemos numa fase na qual eu estava triste, cansada e sem ânimo para continuar. O Rodrigo ficou paraplégico após um acidente de moto, aos 16 anos. No dia em que nos encontramos pela primeira vez, minha avó paterna pediu muito para eu sair um pouco, passear, mas eu não queria sair. Ela não desistiu da ideia e conseguiu fazer com que eu fosse e, graças a isso, eu pude conhecer esse meu grande amigo, uma amizade que já tem quase oito anos de história, em que já fizemos palestras e também consegui realizar o sonho de ser vereadora estudantil, sendo a segunda mais votada.

A segunda resposta dele foi ao conhecer uma nova vizinha, que alugou a casa pertinho da minha avó paterna. Nesse período, eu já usava a Comunicação Alternativa e Aumentativa, principalmente para apresentar os trabalhos de faculdade, na época, eu fazia graduação em Pedagogia. A Leandra, minha vizinha, estava finalizando a graduação em Pedagogia e Psicopedagogia e começou a trabalhar comigo principalmente na parte da minha comunicação.

A terceira resposta foi conhecer o Felipe Suhre, ex-repórter da rede Globo, que é mentor de comunicação. Fiz a primeira imersão on-line de três dias com ele, que me mostrou a verdadeira inclusão. No último dia, ele me chamou para falar sobre a minha história, dezenas de pessoas estavam ali, ao vivo comigo. Nesse meio tempo eu conheci pessoas maravilhosas e me tornei multiplicadora do método do Felipe, também estava em avaliação psicopedagógica com a Leandra e desconfiamos da hipótese de eu ter Transtorno de Déficit de Atenção e Hiperatividade (TDAH).

A quarta resposta (e a "cereja do bolo") foi conhecer a Jô Felipe, colega de curso, também multiplicadora do método Fluxo, do Felipe. Foi conexão à primeira vista, ela foi professora há muitos anos, inclusive deu aula para alunos com deficiência e acho que isso nos aproximou mais ainda.

Da graduação de Pedagogia, eu optei por cursar a Psicopedagogia, pois eu achava que tinha mais a ver comigo, só que eu estava com dificuldade de acompanhar a turma, a minha aprendizagem é mais lenta, então eu optei por trancar a faculdade.

Com a chegada do meu irmão mais novo, o Mathias, com a esposa atual do meu pai, a Jô me convidou para um processo de Terapia de Reprocessamento Generativo, com a qual finalmente estou podendo reconhecer verdadeiramente as minhas sombras e dores, e ser ouvida.

Quando fui fazer uma tomografia para tentar descobrirmos a causa das enxaquecas, eu tive uma crise de impulsividade, principalmente por ter sido avisada apenas com três dias de antecedência, foi necessário remarcar para uma semana depois e isso é um dos sinais do TDAH.

No começo do ano de 2024, ainda estava em avaliação com a Leandra, também já estava fazendo terapia com a Jô, descobrimos que sim, eu tenho TDAH, além da paralisia cerebral. Inclusive, gostei tanto da metodologia da Terapia de Reprocessamento Generativo, que me formei, e hoje sou mentora e terapeuta emocional e ajudo pessoas com paralisia cerebral e TDAH a dominarem suas dificuldades, respeitando suas particularidades e reconhecendo suas habilidades.

Em 2024 ainda veio a quinta resposta, conheci o Rodrigo Melo, *coach* especializado em TDAH, pois ele também tem o transtorno. Com ele, aprendo a gerenciar da melhor forma o transtorno, que afeta mais de dois milhões de pessoas em todo o mundo, o TDAH muitas vezes é negligenciado e visto como algo sem importância, mas é um transtorno sério e que afeta a saúde mental de muitas pessoas.

A experiência de ter passado por muitos profissionais, sendo eles médicos, fisioterapeutas, terapeutas, professores, muitos com o olhar apenas voltado à sua profissão, fez-me perceber o quanto as pessoas com deficiência precisam de profissionais com o olhar humanizado, que além de saber lidar com a dor física, também tenham um olhar acolhedor. Quando temos profissionais que olham o seu paciente, aluno, cliente, além do aspecto físico, evitamos traumas, bloqueios, dores e até mesmo abusos físicos e psicológicos.

A experiência que estou tendo, conhecendo profissionais como a Leandra, o Felipe, a Jô e o Rodrigo, meu *coach* de TDAH, isso me traz alívio e esperança de que cada vez mais terão profissionais com olhar mais acolhedor, inclusivo e determinados a transformar vidas.

Se hoje sou quem eu sou, é porque eu não desisti naquele momento desafiador em que questionei a Deus e porque ele mostrou e ainda está mostrando as respostas, por meio desses profissionais e amigos incríveis e cada ser humano que chega até mim pelo meu trabalho, que é tão importante quanto a minha história de transformação e cura.

Não desista de seus sonhos e esteja perto de pessoas que apoiam a sua transformação e conquistas.

“Honrar sua história
é ser quem você é
e requer coragem.”

Estéfani Schuvartz

Felisnaide Santos

Sou Felisnaide Santos, natural de São João do Paraíso/MA, resido em Imperatriz/MA com a minha amada família: meu esposo Josué Ferreira, com quem sou casada há três anos, e meu filho Henrique.

Sou mentora de mulheres, escritora, palestrante, completamente apaixonada pelo desenvolvimento humano e pelo ensino da palavra de Deus. Administradora, empresária, teóloga, *coach*, *practitioner* em PNL, analista comportamental e professora universitária há mais de treze anos.

Sou fundadora do Instituto Athos Treinamentos, na cidade de Imperatriz, e um dos meus grandes sonhos é levar transformação por meio do conhecimento para o maior número de pessoas possível.

felisnaidesantos

+55 (99) 99147-9256

Felisnaide Santos

felisnaide@gmail.com

LEOAS

15

ALÉM DO PASSADO: O DESPERTAR DA LEOA

Por Felisnaide Santos

Cada uma de nós carrega dentro de si uma história única. Marcas, feridas, alegrias, conquistas e derrotas fazem parte do enredo que molda a nossa jornada de vida. Muitas vezes, olhamos para o nosso passado com olhos tristes, carregados de arrependimento e dor. Mas o que aconteceria se eu lhe dissesse que esse mesmo passado, por mais doloroso que seja, não é capaz de definir o nosso futuro? E se eu lhe dissesse que, dentro de você, há uma força latente, pronta para ser despertada, uma leoa poderosa que aguarda o momento certo para rugir e tomar o seu lugar?

O despertar da leoa não é simplesmente uma metáfora; é um chamado para que você se levante, assuma sua verdadeira identidade em Deus e se mova em direção ao seu propósito. Como mulheres, somos muitas vezes colocadas em situações que nos exigem recuar, silenciar ou subestimar nossa própria força. No entanto, a Bíblia nos convida a despertar e viver de acordo com o poder que Deus nos deu.

Em Isaías 52:1, Deus faz um chamado claro: "Desperta, desperta, vesti-vos da tua fortaleza, ó Sião; vesti-vos dos teus vestidos formosos, ó Jerusalém, cidade santa, porque nunca mais entrará em ti nem incircunciso nem imundo". Esse convite é uma metáfora profunda para cada mulher que deseja deixar para trás as correntes do passado e vestir a força e dignidade que lhe pertencem. Despertar significa entender que Deus nos deu não apenas uma identidade, mas também um propósito que vai muito além do que qualquer experiência negativa já vivida.

Seu passado pode se curado por Deus

Quero compartilhar com você a minha história de vida.

Sou a primeira filha, tenho três irmãos, e carrego em mim cicatrizes profundas causadas pela ausência do meu pai, que mesmo enquanto ainda estava vivo já tinha nos abandonado e nos fazia sentir que éramos órfãos de pai vivo, o que para nós era motivo de muita dor e sofrimento.

A ausência paterna pode causar diversos tipos de feridas emocionais e espirituais na alma de uma pessoa. Essas feridas são profundas e, muitas vezes, influenciam o modo como alguém se relaciona consigo mesmo, com os outros e até mesmo com Deus, e não foi diferente comigo.

As feridas de rejeição, abandono, carência afetiva, desvalor, insegurança, autossuficiência e tantas outras mazelas tinham lugar cativo em minha alma e uma angústia muito grande tomava conta do meu ser. Eu vivia presa a esse passado, era como se sempre estivesse andando em círculos, já estava com mais de 30 anos e não rompia, nada dava certo, eu sempre conseguia me sabotar em tudo porque era viciada em sofrimento.

Por causa das feridas emocionais, eu alimentava muitos comportamentos tóxicos, como apontar o dedo para as outras pessoas, sempre procurando os defeitos, era extremamente crítica e exigente, vivia com raiva de tudo, era extremamente murmuradora e ingrata, tinha uma necessidade enorme de provar o meu valor a todo custo, minha autoestima era extremamente baixa e eu sempre falava sim para todos, porque tinha uma enorme necessidade de agradar e também de ser aprovada pelas pessoas.

Eu tinha uma enorme dificuldade para acreditar nas pessoas, e ao mesmo tempo era muito carente emocionalmente, e essa carência me fazia ser completamente dependente das pessoas com quem eu me relacionava intimamente, e isso trouxe resultados desastrosos para a minha vida. Terminei dois casamentos, não tinha filhos, era viciada em trabalho, não conseguia fazer amizade com ninguém e minha vida financeira era um desastre total. Consegue imaginar o quanto é cansativo viver desse jeito? Eu estava exausta e já não sabia mais o que fazer com a própria vida.

Em 2015, resolvi tomar uma atitude e iniciei a minha jornada de transformação, eu estava decidida a fazer alguma coisa para mudar aquela realidade deplorável que estava a minha vida. Sem saber ao certo o que fazer, minha primeira atitude foi cursar uma formação em *coaching* e de lá para cá nunca mais parei de estudar sobre o autoconhecimento. Foi por meio desse conhecimento que identifiquei todas as feridas emocionais que estavam abertas dentro de mim e os caminhos que eu precisava trilhar para resolver todas elas.

Em 2018, eu fiz a Escola Integral para Formação de Libertadores (EIFOL) e ali meus olhos se abriram para muitas coisas na área espiritual. Fui muito ministrada sobre a paternidade de Deus e sobre o peso de estar amarrada a um passado tão doloroso quanto aquele que eu tinha. Logo depois de chegar da formação, iniciei uma faculdade de Teologia e decidi me aprofundar no conhecimento da Palavra de Deus, e esse relacionamento que eu iniciei com Deus e com a sua Palavra mudou a minha vida para sempre. Por meio do conhecimento das Escrituras, eu fui completamente sarada de todas as feridas emocionais abertas em detrimento da falta de paternidade, e quero lhe contar esta experiência sobrenatural que tive através de um sonho para que a cura se estabelecesse por completo.

Em um sonho, Jesus se revelou a mim como um pai. Eu vi um homem alto, moreno, cabelos negros e olhos que não consigo expressar quanto amor tinha naquele olhar. Ele parou e abriu os braços para mim, eu me via como uma criança correndo para os seus braços, ele me abraçava e me levantava do chão e aquele era o abraço mais seguro do mundo. Enquanto eu estava dentro daquele abraço, eu me sentia muito segura, forte, amada, amparada, era como se todas as minhas necessidades estivessem sendo supridas ali.

Naquele dia, por meio daquele abraço tão amoroso e seguro, eu fui completamente curada e minha vida mudou. Comecei a olhar o mundo com outros olhos e pude perceber que para tudo o que nos acontece existe um propósito maior, e eu acredito que as minhas cicatrizes existem por um propósito muito grande de inspirar e encorajar outras mulheres a não desistirem no meio da jornada. O seu passado, por pior e mais obscuro que seja, pode ser curado e mudado por Deus, você só precisa tomar a decisão de querer e a iniciativa de buscar essa cura.

Despertei a leoa que existe dentro de mim e hoje eu sou livre, feliz, grata, casada, mãe do Henrique, empresária, serva de Deus e mentora de mulheres cristãs. Hoje, eu levo transformação para a vida de outras mulheres que se encontram na mesma condição que um dia eu me encontrei. Tenha coragem, leoa, de mesmo ferida tomar uma atitude para agir e buscar a cura para cada uma das suas feridas.

A leoa que habita em você

Dentro de cada uma de nós, há uma leoa pronta para ser despertada. A leoa é símbolo de força, proteção, determinação e liderança. Ela sabe quem ela é, sua posição e seu poder, e não hesita em agir quando necessário. Essa leoa que habita em você é sua verdadeira identidade em Cristo. Ela é a mulher que Deus lhe chamou para ser, independentemente das dores e fracassos do passado.

Em Provérbios 28:1, lemos: "O ímpio foge, ainda que ninguém o persiga; mas o justo é ousado como um leão". Como filhas de Deus, somos chamadas a viver com ousadia, sem medo do que está por vir, porque sabemos que Deus está conosco. A leoa dentro de você tem um propósito divino e ela só desperta quando você escolhe abandonar o medo, a insegurança e as amarras do passado.

O despertar da leoa é, acima de tudo, um despertar espiritual. Ele começa com o reconhecimento de que sua força vem de Deus, e não de si mesma. Em 2 Coríntios 12:9, o apóstolo Paulo nos lembra de que "o poder de Deus se aperfeiçoa na fraqueza". Não é sobre ser perfeita ou ter uma história de vida sem máculas. É sobre reconhecer que, mesmo nas suas fraquezas, Deus é poderoso o suficiente para lhe fortalecer e guiar para o cumprimento do seu propósito.

Muitas vezes, o passado tenta nos definir, nos lembrando de falhas, erros e traumas. Contudo, a Bíblia nos ensina que o nosso Deus é o Deus da restauração. Em Isaías 61:3, Deus promete "dar a todos os que choram em Sião uma coroa de beleza em vez de cinzas, óleo de alegria em vez de pranto e um manto de louvor em vez de espírito angustiado". Esta é uma poderosa verdade: Deus transforma cinzas em beleza.

Não importa o quão profundo tenha sido o seu passado, não há dor ou erro grande demais para o poder transformador de Deus. Ele é capaz de pegar as partes quebradas da sua história e usá-las para Sua glória e para o seu bem. Ao despertar a leoa dentro de você, você reconhece que o passado não tem mais o poder de lhe prender. Em vez disso, ele se torna um testemunho da graça, da força e da fidelidade de Deus na sua vida.

Em Romanos 12:2, somos exortados a "não nos conformarmos com este mundo, mas a nos transformarmos pela renovação da nossa mente". Essa renovação é parte essencial do despertar da leoa. Quando renovamos nossa mente com a Palavra de Deus, começamos a ver a nós mesmas e o nosso futuro sob uma nova luz. A renovação em Cristo nos dá novos pensamentos, novas esperanças e novos sonhos. Deixamos para trás as mentiras que o passado nos contou e abraçamos a verdade de que somos novas criaturas em Cristo.

Esse processo de renovação nos leva a viver uma vida de coragem e propósito. A leoa desperta não vive mais com medo do futuro ou presa ao passado. Ela vive com confiança no presente, sabendo que Deus está ao seu lado e que Ele já preparou o caminho para ela.

Despertar a leoa que habita em você é aceitar o chamado de Deus para viver uma vida cheia de propósito e significado. É reconhecer que, apesar do seu passado, você foi criada para triunfar e liderar, para proteger e amar com intensidade, e para lutar pelas causas que Deus colocou em seu coração. Ao despertar, você descobre que, em meio à fraqueza, o poder de Deus se manifesta e que, em Cristo, você tem tudo o que precisa para viver uma vida abundante.

Como filhas do Deus Todo-Poderoso, somos chamadas a viver além do passado, a deixar para trás as cinzas e a vestir a coroa de beleza e dignidade que Ele preparou para nós. Levante-se, desperte, e permita que a leoa dentro de você rugir com coragem e fé, pois, em Cristo, o seu futuro é cheio de esperança e o seu passado não tem o poder de definir quem você é. A leoa dentro de você está pronta para despertar.

"Dos meus cacos, criei um mosaico que reflete a beleza da superação."

Felisnaide Santos

Créditos: Ana Fuccia.

Gisele Mendonça

Sou Gisele Mendonça, psicóloga com Abordagem Integrativa Transpessoal (AIT), que integra o ser em suas funções psicológicas: razão, emoção, sensação e intuição.

Há dez anos atendo mulheres que buscam equilíbrio e autoamor para desbloquearem as suas vidas em diversos aspectos, especialmente os relacionamentos. Para isso, desenvolvi o método do Circuito Terapêutico Integrativo com sessões 100% on-line. Criadora do Congresso Internacional da Mente e Lei da Atração, e desenvolvedora dos cursos on-line *Vibrando autoamor* e *Eu escolho brilhar*.

Natural de SP, casada, campeã brasileira de *muay thai* e praticante de dança de salão. Minha vida foi marcada por recomeços e superações que me encaminharam para as atuais realizações. Vamos juntas!

gimendoncapsi

https://gimendoncapsi.com.br/

GIMENDONCAPSI

16 AUTOPERCEPÇÃO, VIBRAÇÃO E ATRAÇÃO NAS RELAÇÕES

Por Gisele Mendonça

Amada leitora, para facilitar a sua compreensão sobre os impactos da sua autopercepção na qualidade dos relacionamentos que você atrai e mantém em sua vida, vou compartilhar contigo a história de uma cliente que chamarei, de forma fictícia, de Jô.

Jô foi uma das minhas primeiras clientes de psicoterapia. Sofria com constantes crises de ansiedade, principalmente, quando se tratava de relacionamentos, pois se apaixonava muito rápido, doava-se facilmente, colocava o outro no centro da sua vida e, raramente, obtinha reciprocidade. Tinha 35 anos, era bem-sucedida em sua profissão, queixava-se de estar sozinha há tempos e os poucos relacionamentos que teve foram bastante indignos: foi traída ou abandonada algumas vezes. Acreditava que havia algo muito errado com ela.

Em nossas sessões, Jô relata uma dor que a acompanhava desde o seu nascimento: ao saber que a mãe estava grávida dela, seu pai desapareceu. Sua mãe, ainda grávida, entrou em depressão. Ao nascer e conforme crescia, Jô conviveu com as contínuas frustrações relacionais e queixas da mãe que, muitas vezes, a culpava por seus próprios fracassos.

Todos os acontecimentos no início da jornada de vida da Jô foram construindo uma percepção de quem ela é, do valor que ela tem, sua autoimagem e constituindo o tipo de relação que ela desenvolveria com ela mesma. Seria possível desenvolver uma percepção saudável de si nesse contexto? Para a Jô, não! Ela desejava viver uma história de amor e sentir-se amada, mas em seu íntimo acreditava que não tinha valor, não conseguia perceber a sua beleza, sentia-se incapaz de ser amada e tinha a certeza de que seria traída ou abandonada por qualquer pessoa com a qual se relacionasse. E, como consequência, os seus relacionamentos eram conturbados, era insegura, sofria por ciúmes, relacionamentos abusivos e, fatalmente, a sua realidade confirmava os seus maiores medos: constantes situações de abandono e rejeição.

Vamos entender isso melhor!

Teoricamente, existiu um filósofo há 2500 anos antes de Cristo, Hermes Trimegistus, que desenvolveu algumas leis universais, as leis herméticas. Entre elas, está a lei da correspondência. Um conceito, ao meu ver, bastante interessante que afirma existir uma correspondência entre todos os planos de existência e de vida. Ou seja: "O que está dentro é igual ao que está fora" (Hermetismo, *s.d.*). Resumidamente, convertendo para as experiências humanas: a realidade interna (crenças, pensamentos, sentimentos, emoções etc.) é projetada em uma realidade externa e vice-versa. Atualmente, com a evolução da física quântica, esse conceito ganhou força.

Mas, e se a realidade interna de Jô fosse diferente? E se ela tivesse nascido em uma família funcional, estruturada, tivesse sido acolhida, se sentido amada e protegida... Se suas crenças sobre si tivessem sido positivamente fortalecidas... Será que a sua autopercepção, autoimagem, seu senso de autovalor seriam diferentes? Certamente sim! E constituindo um autoamor fortalecido e saudável, os seus relacionamentos seriam diferentes? Não posso afirmar, mas os meus estudos em Psicologia e os meus dez anos de experiência em clínica sugerem que sim!

Então podemos dizer que a pessoa que nasce em uma família disfuncional está fadada ao fracasso relacional? Claro que não. E nem o contrário é verdadeiro. Cada pessoa interpreta a realidade que experimenta de forma única e própria. Todas enfrentamos desafios, desenvolvemos medos e precisamos encarar os lugares sombrios em nós mesmas, além de adquirir recursos internos para dar luz às nossas sombras e transformar a nossa realidade interna, desenvolvendo a capacidade de autorrealização.

Tudo o que experimentamos em nossa infância, interpretamos e damos significados infantis. Internalizamos as experiências que geram aprendizados e a maioria delas são direcionadas para o que gosto de nomear como "caixinhas do inconsciente".

Todos esses aprendizados arquivados nas "caixinhas do inconsciente" geram crenças e formas automáticas de pensar, sentir, agir e reagir que seguimos alimentando durante a adolescência, quando iniciamos as nossas experiências nos relacionamentos românticos... até a fase adulta.

Na Teoria da Mente, desenvolvida por Dr. Jonh Kappas, entre diversas outras teorias, sugere-se que 95% do nosso funcionamento é determinado por esses conteúdos inconscientes.[1] E são exatamente esses conteúdos que compõem a nossa realidade interna, incluindo a nossa autopercepção, autoimagem, autovalor e autoamor.

E o que compõe a nossa realidade externa? Tudo o que experimentamos, vivenciamos e realizamos: trabalho, filhos, dinheiro, casamento, separações, mudanças, doenças, inclusive os relacionamentos. Todas as nossas criações.

Max Planck, considerado o pai da teoria quântica, descreveu um campo de energia universal que conecta toda a criação, denominado Matriz Divina, nome também utilizado por Gregg Braden em seu livro com esse mesmo título (Braden, 2010). A matriz divina é descrita como a ponte que une a realidade interna com a realidade externa. Bem resumidamente, um **campo de energia** onde "todas as coisas são possíveis". O espelho que nos apresenta as nossas criações. Essa é a força motriz da manifestação, da atração que une todas as coisas, que proporciona o encontro entre as pessoas de acordo com os seus interesses e vibrações. Pois somos seres divinamente vibracionais.

Todas as células em nosso corpo são compostas de energia. Tudo o que acreditamos, pensamos, sentimos a maior parte do nosso tempo gera uma marca vibracional e atraímos e nos conectamos com outras pessoas por meio dela. Por todas essas razões, nossos relacionamentos são poderosos espelhos que dizem muito sobre nós mesmas e, por meio deles somos capazes de nos transformar e evoluir. Vejamos o exemplo a seguir.

Por um período da minha vida, enquanto solteira, comecei a perceber que estava atraindo relacionamentos com um padrão repetitivo de comportamento: homens indisponíveis emocionalmente para mim. Então, comecei a me fazer a seguinte pergunta: "Qual vibração está ativa em mim que está me fazendo atrair este padrão de relacionamento?" Sim, amada leitora, o que acontece em minha vida está dizendo sobre mim! Eu poderia arrumar todas as desculpas para culpar os homens e

1 Informações elaboradas com o auxílio da solução ChatGPT.

justificar a situação que estava me gerando desconforto, mas eu preferi sair do papel de vítima e me colocar no lugar de protagonista da minha própria história, aprofundar a minha auto-observação e transformar o que estava me impedindo de ter uma vida mais realizada, por um simples fato: é impossível mudar o outro! A não ser que o outro deseje a mudança. A mudança do outro não está em meu poder... mas a minha mudança está!

Não demorou muito para que eu compreendesse o meu padrão. Por muito tempo experimentei alguns relacionamentos tóxicos que limitavam a minha liberdade e questionavam o meu valor. Tempo suficiente para desenvolver em minhas "caixinhas do inconsciente" a crença de que relacionamentos aprisionavam, entre outras. E que desenvolveram em mim um profundo medo de me relacionar novamente. Fui percebendo que os mesmos comportamentos que me incomodavam nos meus relacionamentos, eu também os repetia. Ou seja: quem estava indisponível emocionalmente era eu! Logo, atraía para a minha experiência pessoas também indisponíveis. Trazendo essa crença para a consciência, tornou-se possível transformá-la. O padrão mudou! Passei a me abrir para o amor e o universo respondeu bem depressa: conheci um homem apaixonado, recíproco, totalmente entregue e que hoje é o meu marido. E, até o momento, nutrimos um relacionamento leve, saudável e de profunda conexão afetiva.

Ou seja, minhas inseguranças sobre relacionar-me novamente ativavam em mim gatilhos de medo, fazendo com que eu atraísse para a minha realidade pessoas indisponíveis afetivamente. Ao aprofundar o meu autoconhecimento, identificar minhas crenças e me tornar mais segura sobre as minhas escolhas... Elevei a minha vibração e a realidade dos meus relacionamentos mudou.

Então, se você tem experimentado uma realidade desagradável em seus relacionamentos, é importante identificar quais são as crenças que você carrega e nutre para, então, transformá-las. Quais são as feridas que ainda estão abertas e que lhe machucam sempre que alguém parece querer "cutucá-las"? É preciso cicatrizar as feridas. É preciso desenvolver um amor profundo por si mesma! É necessário transformar a sua percepção de **autovalor**. É importante que **aceite** a sua história e **acolha** a sua criança interior que ainda pode estar ferida. Então, desenvolva um senso de autorresponsabilidade para selecionar as pessoas que você permite que façam parte da sua vida e desfrutem da sua divina presença.

Tenha urgência em reconhecer e estabelecer os seus limites para que o outro não tenha o poder de "atropelar" as suas emoções e lhe tirar do centro da sua própria vida. Porque o seu principal relacionamento deve ser com você mesma! Você é a sua prioridade!

Para praticar e transformar os seus relacionamentos:

- Observe os padrões das situações desagradáveis que se repetem em sua vida.
- Desenvolva a auto-observação por meio de questionamentos. Exemplos:
  - "O que essa situação está querendo mostrar sobre mim?"
  - "Quais emoções predominantes em mim estão contribuindo para que eu atraia experiências indesejadas?"
  - "O que eu estou acreditando sobre mim/ sobre essa situação/ sobre relacionamentos que estão enfraquecendo a minha capacidade de realização amorosa?"
  - "O que estou acreditando sobre mim que me conduz a atrair e permitir pessoas e situações desagradáveis em minha vida?"

Crie um diálogo interno capaz de questionar as crenças que enfraquecem a sua capacidade de autorrealização:

"Será que isso que estou acreditando é uma verdade absoluta?".

Emita novos pensamentos fortalecedores sobre si mesma. Pare de contar as mesmas histórias trágicas sobre a sua vida. Desenvolva uma fé profunda de que é possível! Porque, sim amada leitora, é possível! E se não estiver conseguindo sozinha, faça terapia!

Ah... e a Jô? Ela vai muito bem, obrigada!

Referências

BRADEN, G. **A matriz divina**: uma jornada através do tempo, do espaço, dos milagres e da fé. São Paulo: Cultrix, 2010. Disponível em: https://archive.org/details/AMatrizDivinaGreggBraden/page/n5/mode/2up?q=max. Acesso em: 4 set. 2024.

HERMETISMO. *In:* **Wikipédia**, [*s. l.*], [*s.d.*]. Disponível em: https://pt.wikipedia.org/wiki/Hermetismo. Acesso em: 7 set. 2024.

"Acenda a sua luz interna, ilumine e transforme o caos externo. Desafiador? Sim! Mas possível!"

Gisele Mendonça

Créditos: Eduardo Ferreira.

Jane Carvalho

Meu nome é Jane Carvalho, tenho 31 anos e sou natural de Pintadas/BA, filha de um Deus tão grande e único que mudou minha história, mãe de Jonatas, Ruth e Alice, filha de Dona Alba e Seu Polaco, irmã de Keel Carvalho e Jayane, tia de Gael e Cecília Moreira.

Cristã, apaixonada pela vida e por transformações desde pequena, os livros e as histórias eram minha grande paixão. Eu me tornei terapeuta de imagem, escritora, mentora de mulheres.

Dentro do meu processo de transformação, passei por diversas experiências, emagrecimento, eliminando 40 kg. Hoje, direciono mulheres ao resgate da identidade por meio do meu método, que atua no corpo, na alma e no espírito. Vivenciei o luto do divórcio e as dificuldades de ser mãe solo, dificuldades essas que geraram no meu coração o desejo de criar o projeto *Recomeçar*.

janycarvalho.of

+55 (75) 98264-0004

carvalhojaneclice@gmail.com

LEOAS

17

EMAGRECIMENTO EMOCIONAL

Por Jane Carvalho

A menina que cresceu se sentindo o patinho feio. Sempre achei que fosse a ovelha negra da minha família, meus pensamentos, sonhos sempre foram na contramão do que era normal para uma menina que morava na roça. As expectativas sobre uma menina são as de que ela seja como uma princesa, ame brincar de bonecas, casinha, pode até ser o tradicional, mas comigo nunca foi assim. Desde pequena eu era diferente, quebrando todas as expectativas humanas, minha grande paixão sempre foi por moto, subir no pé de umbuzeiro para escrever.

Cresci numa fazenda, minha amada Fazenda Melancia, lá passei minha infância com meus primos e parte da minha família. Eu e meus primos deixávamos nossa avó, Miralva, atribulada do juízo pelos seus deliciosos bolinhos de chuva, bolinho do cuscuz.

Mesmo rodeada por muitas pessoas, eu sentia um enorme vazio e, na tentativa de preencher esse vazio, comia compulsivamente. Sempre fui a criança fofinha, a adolescente gordinha, descontava minhas dores, meu vazio, tudo terminava em comida. Aos 6 anos, iniciei minha carreira de escritora, sentada no galho do pé de umbuzeiro, no fundo da casa dos meus avós. Não conhecia Deus, mas de alguma forma já sabia da sua existência. Mas eu olhava para o céu e falava com Ele, ficava por horas escrevendo.

Aos 12 anos, meus pais mudaram-se para a cidade, minha amada Pintadas/BA, dando início uma nova fase, a adolescência. Eu era uma adolescente revoltada, não sabia o porquê, mas dentro de mim havia um vazio, uma dor insuportável. Por várias vezes perguntei a Deus: "Por que eu nasci? Por que você me colocou neste mundo, só para sofrer?".

Odiava meu corpo, sofri com diversas piadas, comparações, apelidos maldosos só cresciam. A dor já existia no meu ser, quanto mais eu tentava emagrecer, mais engordava. Afinal, sempre ouvia calada, chorava e descontava na comida. Aos 17 anos, saí da minha cidade para morar na cidade de Ipira/BA, casei-me aos 18, aos 20 tive meu primeiro filho, aos 23 o segundo e, aos 25, passando por um divórcio, descobri minha terceira gestação. Com ela, o desespero, não acreditei no que estava acontecendo. Desesperada, sem psicológico para suportar todo aquele caos que estava minha vida, entrei no modo sobrevivente, o famoso "tanto faz". Foi quando cheguei no auge dos meus 115 kg.

Nesta época, tanto fazia viver ou morrer. Pelo estresse de toda a situação, tive alguns problemas de saúde durante a gravidez: pressão alta, riscos de eclâmpsia, obesidade gestacional. Optei pelo parto cesariana, em que Deus colocou um anjo de jaleco, Dr. Juan Carlos, que em todo processo sensibilizou-se, acalmou-me e pelas suas mãos Alice veio ao mundo. Medo, desespero, aos 25 anos e com três filhos, divorciada, julgada, com o emocional completamente abalado, sem autoestima. Passei anos sem me olhar no espelho.

No dia 21 de fevereiro de 2019, nasceu Alice. Ela é forte e determinada, Ruth é puro cuidado e amor, e Jonatas é meu amigão. Meus filhos são meus grandes amores, eles despertaram em mim o desejo de viver e de lutar. Nesse mesmo ano, tive meu grande encontro, **o encontro com o espelho**. Ao olhar para aquela imagem, tive um choque de realidade, enquanto chorava muito, meus olhos procuravam encontrar minha essência, meu verdadeiro eu, não me reconhecia. Naquele momento, **decidi virar a chave**.

Decidi não aceitar que minha vida era só isso, **decidi** me levantar, pedi demissão, comecei a empreender no ramo da beleza, buscar conhecimento em cursos, livros formações e mentorias. A cada degrau, meu coração queimava por água nova, por transformar vidas, principalmente mulheres. Abri um *studio*, onde fui massoterapeuta, cabeleireira, quando conheci mulheres incríveis, parceiras mulheres, por quem sou grata eternamente. Enquanto cuidava da autoestima de outras mulheres, Deus curava minhas feridas, a cada agradecimento nascia em mim o desejo de mais conhecimento de transbordar a alegria de viver.

Em casa, orava e clamava a Deus por vida, que Ele fizesse tudo novo. Essa era minha oração:

Deus, eu estou como os ossos do vale de ossos secos, estou morta por dentro, mas eu confio que assim como o Senhor ressuscitou e trouxe vida àqueles ossos, trará vida a meu corpo, alma e espírito. Deus, eu só quero ser feliz!

Cara leitora, eu lhe desafio a declarar esses versículos a seguir por quinze dias.

Data inicial: _______.

Data final: _______.

Estou ansiosa para receber seu testemunho, amém?

Ezequiel 37:5: "Assim diz o Senhor Deus a estes ossos: Eis que farei entrar em vós o espírito, e vivereis".

Ezequiel 37:14: "E porei em vós o meu Espírito, e vivereis, e vos porei na vossa terra; e sabereis que eu, o Senhor, disse isto, e o fiz, diz o Senhor".

Por diversas vezes esse foi meu clamor no chão do meu quarto. De repente, fui agraciada com o favor de Deus, fui presenteada com uma viagem para a Chapada Diamantina, foi a primeira vez que vi uma cachoeira, fiquei encantada com a beleza da natureza e daquele lugar fiz uma oração, pedindo para que Deus lavasse meu corpo, alma e espírito. A partir daquele dia, eu me tornei como as águas daquela cachoeira, onde tivesse uma alma padecendo eu chegaria como água, trazendo vida.

Hoje, encontrei-lhe por meio desta leitura, trazendo água, nova trazendo vida para o seu vale de ossos secos, eu acredito em você.

Mas sigo como água em busca de novas terras secas, por meio da terapia, entendi o que era minha dor, ressignifiquei, descobri meus traços de personalidade. Hoje, transformei minha imagem de uma mulher sobrevivente para uma mulher posicionada, transformando minha dor no método que tem direcionado mulheres ao novo recomeço.

Assuma o governo da sua história. Muitas pessoas têm perdidos suas guerras por falta de posicionamento. Quem é você? Quais são suas habilidades? Escreva abaixo:

Eu sou: _______.

Minhas habilidades: _______.

Foi assumindo o governo das minhas emoções e transformando o meu exterior que eliminei meus maiores pesos emocionais. Peso não é só o que a balança mostra em números. Quantas mágoas, rancor, raiva, palavras não ditas, lágrimas entaladas, faltas de perdão, pessoas, você tem carregado?

Transforme seu interior e seu exterior se levantará, esse foi o meu segredo para eliminar 40 kg com leveza e saúde. Eu assumi o governo, removi meus pesos emocionais.

Aos 31 anos, mãe solo, mulher do interior da Bahia, cidade com pouco mais de nove mil habitantes, mas muito sonhadora. Com muita fome, não de comida estou falando de vida. Assumi novos desafios, afinal eu só tenho 31 anos e uma vida inteira pela frente para viver o extraordinário de Deus.

Desacelere, você ainda tem ___ anos, não se cobre tanto para ter corpo perfeito, a casa perfeita, a vida perfeita. Tenha clareza do seu objetivo, idade é só um número, sua mente se renova todos os dias.

Romanos 12:2 diz: "Não se amoldem ao padrão deste mundo, mas transformem-se pela renovação da sua mente, para que sejam capazes de experimentar e comprovar a boa, agradável e perfeita vontade de Deus". Conhecimento cura!

Não é sobre condições, é sobre direção. Há cinco anos passei pelo vale de ossos secos, hoje contemplo a colheita de ter clareza na direção. Não abro mão do meu quadro dos sonhos, de escrever meus sonhos, visualizá-los, criar minhas metas. Sim, um dia o que hoje é livro e você está lendo, já foi uma foto colada numa folha de caderno.

Como está seu quadro dos sonhos? Volte a sonhar!

Liste cinco sonhos:

1 - Seu peso ideal: _______.

2 - Sua profissão: _______.

3 - Salário mensal: _______.

4 - Bens materiais: _______.

5 - Lazer: _______.

Mesmo depois dos 30 anos, encontrei um esporte que ganhou meu coração, encontrei minha profissão, estou todo os dias caminhando na direção que escolhi como meu legado. Ainda tenho muito a conquistar, mas não tenho pressa, o karatê tem me ensinado a ter velocidade sem correr, a ter impacto sem força, a esperar o momento certo, estudar o adversário, a ter postura de guerreiro.

Foi com todo esse ensinamento que aos 31 anos fui para meu primeiro campeonato de karatê, conquistando duas medalhas de ouro, uma pela disputa de katá e a outra ganhei sem lutar. Minha adversária desistiu da luta, entregando-me a medalha, mesmo sem entender fiquei analisando toda a situação.

O que faz uma pessoa ser vencedora? Não são as condições, mas a fome pelo objetivo.

Eu entendi a importância do posicionamento. Uma pessoa posicionada com fome de vencer ganha até mesmo sem lutar. Posicione-se como vencedora, não importam as condições. Será um prazer ser seu guia nesta nova jornada. Seja bem-vinda à sua nova vida. Já podemos decidir em que direção estamos indo?

No meu método, trabalhamos o resgate da sua identidade por meio do corpo, alma e espírito. No emagrecimento emocional, descobriremos seu traço de personalidade, potencializando o recurso das suas habilidades, trazendo clareza, direcionamento, alegria de viver a sua melhor fase. Estou levantando um exército e você pode fazer parte, sua história pode salvar vidas.

"Não importa a idade ou a condição, o que importa é a clareza na direção."

Jane Carvalho

Katia Gomes

Sou Katia Gomes, filha de Deus. Natural de Colatina/ES, resido em Betim/MG com a minha família: meu esposo Clésio, com quem sou casada há 26 anos, e meus filhos Felipe e Rafael.

Sou mentora, terapeuta, *coaching*, palestrante, especialista em Desprogramação Neurobiológica e Programação Mental e Constelação Familiar. Ajudei dezenas de pessoas por meio de atendimentos individuais e mentorias on-line, em vários estados do Brasil.

A minha história de sucesso não foi sempre assim. Superei grandes desafios e aprendi que é possível mudar a própria vida por meio do amor, da fé, do autoconhecimento e um desejo de compartilhar, ensinar e ajudar pessoas a se desenvolverem e evoluírem em todas as áreas de suas vidas.

katiagomesmentora

+55 (31) 99601-7861

Katia Gomes

LEOAS

18 TRANSFORMANDO DESAFIOS EM SUCESSO

Por Katia Gomes

Todos nós temos uma força interior que muitas vezes permanece dormente, esperando para ser despertada. Essa força é a chave para superar obstáculos, alcançar nossos sonhos e viver uma vida plena e realizada. No meu caso, essa jornada começou em circunstâncias humildes e desafiadoras, mas com determinação e foco, consegui transformar minha vida e a vida de muitas outras pessoas. Neste capítulo, vou compartilhar minha trajetória e as lições aprendidas ao longo do caminho, além de oferecer ferramentas práticas para que você também possa despertar sua força interior e alcançar o sucesso em todas as áreas da sua vida.

Minha jornada de superação

Aos 10 anos, minha vida mudou drasticamente, quando perdi minha mãe. Além da dor da perda, tive que me mudar para outra cidade, deixando para trás tudo o que conhecia e amava: colegas, casa, brinquedos e minha cidade natal.

A perda da minha mãe foi devastadora. De repente, eu me vi sozinha e triste, vivendo em uma casa onde a presença materna era substituída pelo silêncio. Tive que deixar a infância precocemente e me transformar em uma adulta com responsabilidades, conciliando obrigações domésticas com os estudos em uma cidade nova. Enfrentei muitas dificuldades de aprendizagem, diferenças culturais e a dificuldade de fazer novas amizades, pois era uma estranha em uma escola onde os grupos já estavam formados e fechados.

Enfrentei preconceitos de regionalidade, já que vinha de outra cidade, e também, de aparência. Tive um distúrbio hormonal que me fez ganhar muito peso e, além disso, fui obrigada a cortar meu cabelo bem curto, como de um homem. Esse foi um golpe profundo para mim, pois minha mãe sempre cuidava do meu cabelo com muito amor, mantendo-o longo e bem tratado. Chegar em um lugar novo e ser forçada a cortar meu cabelo foi uma dor enorme, simbolizando a perda de uma das últimas conexões que eu tinha com minha mãe.

Além disso, a ausência de momentos de brincadeiras e de ouvir as histórias que minha mãe contava todos os dias para mim deixou um vazio irreparável. No entanto, apesar de todas essas adversidades, encontrei forças dentro de mim para seguir em frente.

Eu honro meus avós, tios e todos os meus familiares que cuidaram de mim e do meu irmão com muito amor. Hoje, entendo que eles fizeram o melhor que puderam com os recursos que tinham, nos dando amor do jeito que sabiam. Naquela época, eu não tinha essa consciência, mas hoje sei que, se não fosse por eles, eu não seria quem sou.

Determinação, resiliência e a busca por um futuro melhor guiaram-me nessa jornada. Com amor, fé e a força interior que descobri em mim mesma, fui capaz de superar os obstáculos e transformar minha vida.

Encontrando a força no amor e na fé

Enfrentei muitos desafios, tanto emocionais quanto financeiros. A crença predominante na minha família era que uma mulher não precisava fazer faculdade e que ser professora não era uma profissão rentável. Essas crenças limitantes poderiam ter me paralisado, mas eu estava determinada a mudar meu destino.

Durante um período, eu me senti como uma vítima do destino, acreditando que as circunstâncias estavam além do meu controle. No entanto, uma força maior começou a se manifestar em minha vida. Realizei o sonho de ser professora e pedagoga. Fui coordenadora educacional de uma instituição renomada, o Salão do Encontro, em Betim, gestora de escola. Tive uma carreira de sucesso na educação, impactando positivamente muitas vidas, mas sentia que ainda poderia fazer mais para contribuir com as pessoas. Então, iniciei minha jornada de expansão de consciência, mergulhando em estudos sobre desenvolvimento humano.

O poder do autoconhecimento

Nessa busca por respostas, descobri o desenvolvimento humano e comecei a entender que o autoconhecimento é fundamental para o sucesso. O sucesso começa **em mim**. Conhecer nossas forças, fraquezas, medos e desejos nos permite traçar um caminho claro e seguir em frente com confiança. Decidi aprofundar meus conhecimentos em desenvolvimento humano, inteligência emocional, *coaching* pessoal, terapias energéticas, Neurociência para terapeutas e constelação familiar. Esses estudos me deram as ferramentas necessárias para **ressignificar minhas crenças**.

Superando medos e construindo confiança

Um dos maiores obstáculos que muitas mulheres enfrentam é o medo. Medo de falhar, medo de não ser boa o suficiente, medo do desconhecido. Esses medos podem ser paralisantes, mas não precisam ser. Eu já estive nesse lugar. Por meio das técnicas de *coaching*, PNL e terapias, pude identificar, confrontar meus medos, ressignificar em mim essas limitações e crenças transformando-as em catalisadores para o crescimento.

Encontre um propósito maior

Ter um propósito maior, algo que vai além de você mesma, pode ser uma fonte poderosa de motivação e resiliência. No meu caso, ajudar e amar as pessoas foi esse propósito.

A mentoria sistêmica: transformando vidas

Hoje, depois de passar por muitos obstáculos, ajudo mulheres a enfrentarem seus medos e a fortalecerem sua autoconfiança por meio da mentoria sistêmica. Nessa abordagem, juntas identificamos pontos que podem ser melhorados e desenvolvemos novos conhecimentos e estratégias para transformarmos essas melhorias em realidade. A grande diferença da mentoria sistêmica é que ela não se limita a uma área. Para que você possa desenvolver seu potencial por inteiro, é preciso se aprimorar em aspectos enraizados que trazem repercussões para todas as suas atividades diárias. A mentoria sistêmica destaca-se por ajudar a trabalhar questões mais profundas. Com isso, os padrões limitantes que se repetem ou impactam diversas camadas da sua rotina podem ser eliminados ou reconfigurados.

Você já se perguntou por que criamos ciclos que nos tornam prisioneiros em uma realidade que não desejamos viver? Eles surgem e se sedimentam conforme passamos por nossas experiências pessoais sem trabalhá-los. E eles se tornam tão arraigados que parecem se fundir à nossa personalidade. Passamos a acreditar que eles são parte de quem somos, e identificá-los torna-se um verdadeiro desafio.

Mas é justamente essa a chave da evolução. Para nos desfazermos de padrões e crenças limitantes que afetam diferentes segmentos de nossas vidas, precisamos primeiro ser capazes de enxergá-los. E é aí que eu entro com meu papel de mentora. Com um olhar experiente e fresco, vou ajudar você a perceber a existência de cada um desses ciclos e notar como eles reaparecem em tudo o que você faz, impactando os resultados de suas ações, com base em tudo que vivi, o caminho que percorri. As técnicas permitem uma abordagem holística, tratando não apenas os sintomas, mas as causas subjacentes dos desafios que você enfrenta.

Além disso, ofereço um olhar singular, entendo que cada pessoa é única, com sua própria história, medos e sonhos. Por isso, personalizo cada sessão para atender às necessidades específicas, garantindo que o processo seja profundamente transformador e alinhado com os objetivos pessoais com um suporte contínuo. Não se trata apenas de encontros pontuais, mas de um acompanhamento de perto, onde ofereço suporte e orientação durante todo o processo. Estarei ao seu lado para ajudar a implementar as mudanças necessárias e garantir que se sinta apoiada em cada passo da sua jornada.

A partir daí, **aplico** técnicas e atividades para quebrar esses ciclos. Assim, você será capaz de abrir as portas para novas oportunidades e um crescimento sem precedentes na sua vida. Com a minha mentoria, você terá as ferramentas e o apoio necessário para transformar desafios em vitórias e realizar seu verdadeiro potencial.

Despertar a força interior é um processo contínuo e recompensador. Ao embarcar nessa jornada, lembre-se de que cada desafio é uma oportunidade para crescer e que você possui dentro de si todo o poder necessário para alcançar o sucesso pessoal e profissional. Minha história é prova de que, com determinação, autoconhecimento e as ferramentas certas, é possível superar qualquer obstáculo e viver a vida dos seus sonhos.

Nunca subestime o poder do amor e da fé em sua vida – eles são as chaves para transformar desafios em vitórias e realizar seu verdadeiro potencial. O amor, tanto por si mesma quanto pelos outros, oferece a motivação e a resiliência necessárias para enfrentar qualquer adversidade. A fé, por sua vez, proporciona uma base sólida de confiança e esperança, mesmo nos momentos mais difíceis.

Ao longo da minha jornada, aprendi que o autoconhecimento é o alicerce de todas as realizações. Conhecer suas forças, fraquezas, medos e desejos permite que você trace um caminho claro e siga em frente com confiança. A busca pelo autoconhecimento é um compromisso contínuo com a melhoria pessoal, e é essa dedicação que abre portas para o crescimento ilimitado.

As técnicas e ferramentas que compartilho na minha mentoria não são apenas métodos; são práticas comprovadas que ajudam a romper barreiras internas e a redefinir o que é possível. Com um olhar atento e uma abordagem personalizada, ofereço suporte constante para garantir que cada mulher que atendo consiga ver e realizar seu verdadeiro potencial.

Lembre-se: cada passo que você dá em direção ao seu desenvolvimento pessoal é um investimento em sua felicidade e sucesso futuros. Os obstáculos que você enfrenta são simplesmente oportunidades disfarçadas, esperando para serem transformadas em momentos de aprendizado e crescimento.

Ao encerrar este capítulo, convido você a abraçar a jornada da autodescoberta. Com autoconhecimento, você pode transformar qualquer desafio em vitória e viver uma vida de realizações. Mas essa jornada não precisa ser solitária. Estou aqui para guiá-la em cada passo do caminho. Por meio da mentoria sistêmica, ajudarei você a desbloquear seu potencial e alcançar seus objetivos. Para saber mais sobre minhas mentorias, palestras e treinamentos, agende uma sessão estratégica gratuita de 30 minutos pelo Instagram ou pelo WhatsApp. Vamos juntas transformar sua vida e alcançar o sucesso que você merece!

"Minha superação mostra que, se eu pude, você também pode trilhar o caminho para o sucesso. Você pode alcançar os seus sonhos."

Katia Gomes

Kiki Haddad

Aos oito anos eu me descobri apaixonada por astrologia e tarot, mas era apenas um *hobby*. Formada em Jornalismo e pós-graduada em Marketing Esportivo, fui a primeira mulher repórter setorista em times de futebol no Brasil. Fui gerente de marketing em uma empresa de eventos, em São Paulo, e sócia de uma empresa de turismo para brasileiros no Marrocos, país onde morei por cinco anos.

Em março de 2020, a pandemia fechou minha empresa e a única possibilidade de sobreviver era fazer do meu *hobby* a minha saída. Digo e repito: a astrologia salvou minha vida. Passei a atender, on-line, e não parei mais.

Sou jornalista, astróloga, terapeuta, taróloga especializada em astrologia comportamental, vocacional, consteladora, terapeuta cognitivo-comportamental, tenho especialização em Medicina Germânica e me formo em Psicanálise em breve.

kikihaddad

+55 (13) 99749-4267

kikihaddad

kikihaddad.com.br

Instagram

LinkedIn

19

VAMOS ATRAVESSAR O CABO HORN?

Por Kiki Haddad

Todos nós temos nosso Cabo Horn pessoal. Eu ouvi isso de um velejador chileno, quando eu era repórter em um *site* de esportes de aventura, após ele e seu companheiro cruzarem um dos pontos mais perigosos do mundo.

Uma "esquina" no ponto mais meridional da América do Sul, território da Ilha de Hornos, um pedaço de terra chileno, que tem condições extremas de navegação: grandes ondas que podem passar de 15 metros, ventos fortes em velocidades impressionantes, ondulações e *icebergs*, o que exige mais do que coragem dos navegadores que passam pelo Cabo Horn.

Agora, pense comigo: quantas vezes você se sentiu em um barco prestes a dobrar o cabo mais desafiador do mundo e temeu esse passo? Mas, dessas vezes, em quantas você pôde, de fato, evitar a passagem pelo seu Cabo Horn? Em quantas houve escolha? Em quantas não houve nada além do que apenas ir?

Atravessar um oceano a bordo de um barco exige preparo, técnica, dinheiro, investimento, conhecimento, coragem. Mas, nenhum desses pontos se sobrepõe à maior necessidade que um desafio exige: paixão, determinação e boas crenças de conquista do objetivo. Esses três pontos juntos são mais fortes do que qualquer barco, do que qualquer equipe de vela campeã do mundo.

E os esportes – tanto os que pratico quanto nos que atuei como repórter – ensinaram-me lições determinantes para todos os desafios que já vivi na minha vida.

Atravessei alguns cabos horns na minha jornada. Doença autoimune, relação abusiva, falta de trabalho, de dinheiro, de fé, divórcio e por aí vai. Minha história parece ter sido criada lá naquela porção de terra em meio ao encontro das águas dos Oceanos Pacífico e Atlântico, assim como pode ser a sua e de tantas outras pessoas.

O que me obrigou a aprender a construir bons barcos e contar com uma ótima equipe para vencer todos os desafios porque, no final, por mais que possamos contar com ótimos equipamentos, nada se sobrepõe à sapiência humana.

A gente busca autoconhecimento de várias formas. Queremos evoluir, fazemos cursos, lemos livros, assistimos palestras, *lives*, acompanhamos terapeutas, pesquisadores nas redes sociais e acumulamos uma série de conhecimento que usamos de que forma? Quando mais precisamos, parece que tudo some da nossa mente e só perdemos tempo na vida.

Começam as comparações, afinal, a vida do outro está sempre melhor que a nossa. Enchemos nossa mente com rituais, frases de afirmações supostamente transformadoras, mas o nosso Cabo Horn parece cada vez mais difícil de contornar.

Todos atravessamos momentos em que tudo parece vazio e nosso barco, ao invés de seguir firme a um porto seguro, fica à deriva, em mar aberto, sem qualquer bússola ou direção para nos guiar.

E o que será que pessoas que atravessam maremotos, tsunamis, tempestades e chegam sãs e salvas em seus portos têm de diferente das que não conseguem? O que aquele amigo, que chegou ao cargo ou ao salário sonhado, tem que você, que batalha há tanto tempo pelo seu crescimento profissional, não tem?

O que diferencia os grandes navegadores dos que se afogam em grandes e pequenas ondas é a sabedoria, a paixão, o coração pulsando verdadeiramente em direção a uma conquista.

O que os torna grandes é querer, acima de qualquer coisa.

Sabedoria e conhecimento são coisas distintas. Conhecimento é adquirido a todo tempo, por meio de qualquer via, seja um livro, uma aula, palestra, *podcast* etc. A sabedoria é pegar esse conhecimento e colocá-lo em prática. É manter-se disciplinado no dia a dia até conseguir o que se quer.

Aos 23 anos, adoeci. Senti sintomas esquisitos, não pareciam uma gripe forte, mas havia dor por todo o corpo, febre de 40°, feridas pelo corpo, dentre outras coisas. A combinação nada comum despertou logo a possibilidade de uma manifestação autoimune na cabeça da minha irmã mais velha, Samira, médica, e primeira pessoa para quem liguei diante da situação.

Não demorou para os testes iniciais indicarem o possível diagnóstico de Doença de Behçet, uma manifestação rara de vasculite, ainda em pesquisa em todo o mundo.

Era ali, uma garota recém-formada em jornalismo, entusiasta de esportes, com uma *moutain bike* novinha em mãos, enveredando para a corrida de aventura – um *triathlon cross-country* que envolve correr, pedalar e remar no meio da mata –, que ouvia que a possibilidade de não mais correr, de não engravidar nunca na vida, e pior, de talvez não envelhecer, era real.

"Como Deus pode fazer isso comigo?", era minha principal questão. Passei por todas as fases do luto assim que o diagnóstico foi fechado, e os sintomas se fazendo cada vez mais presentes.

Dores articulares imensas, febre, feridas orais, genitais, nos braços, costas, dificuldade de mobilidade, em alguns casos, passaram a me fazer constante companhia. Medicações variadas não davam conta de ajudar, afinal, não havia medicação específica para Behçet, então eu usava remédios de "doenças primas" como Chron, artrite reumatoide, dentre outras.

Passei a assimilar aquela situação, mas jamais me conformar. À época, eu era uma garota com pouco conhecimento sobre nosso corpo e nossa mente. Desde os oito anos, lia e estudava astrologia, lia livros sobre energia, anjos, mas era imatura demais para pôr tudo em prática.

De imunossupressão a imunossupressão, os anos foram passando, até que as medicações mais fortes começaram a ser administradas. Intravenosa, a imunossupressão biológica quase me levou à morte.

Foi substituída por injeções semanais, que eu mesma aplicava, de uma medicação oncológica. Àquela altura, sinceramente, eu entendi que os médicos já não sabiam mais como levar aquilo tudo.

Meus 30 anos batiam à porta e meu sonho de ser mãe não havia dispersado. Segui sempre fazendo esportes, pagando um preço alto por essa escolha, mas nunca parei. Até que um tratamento me levou ao limite. A Pulsoterapia me mostrou coisas que eu não queria mais viver.

Briguei com Deus, discuti feio com o Pai, e coloquei minha vida em Suas mãos. Pedi que ele me levasse para perto dele, caso fosse a Sua vontade, mas eu jamais poria uma gota de remédio em meu corpo. Não aceitaria mais a condição da doença, suas limitações, e viver uma vida "mérdia". Eu queria a totalidade da vida e isso implicaria em renunciar a ela se a cura não fosse possível.

Estava claro que os homens na Terra ainda não haviam descoberto nada que fizesse sentido na minha vida no que tangia cura ou qualidade de vida, então, só Ele poderia agir.

"Inacreditavelmente" – entre aspas, porque é totalmente crível –, eu me curei. Dali em diante, após oito anos navegando em barcos à vela, barcos com motor, lanchas ou até me segurando em troncos que encontrava à deriva naquele imenso mar que eu navegava desde o diagnóstico, eu atravessei meu Cabo Horn.

Entendi que diagnóstico não é sentença para aqueles que creem. E que a paixão por chegar ao tão sonhado destino envolve acreditar, todo santo dia, que aquilo é possível. Não me rendi a ordens que me condenavam à cama, não me submeti ao que acreditavam ser meu destino.

Eu não estou desmerecendo os competentes médicos que me ajudaram, não. Eu só estou contando que nada do que eles **acreditavam** poderia ser **maior** do que o que **eu acreditava**.

Eu cria em uma vida feliz e saudável, em sentir meu filho crescendo no meu ventre, em correr livre na mata sem medo de me arranhar e o sangue escorrer em demasia pelas minhas pernas por conta de anticoagulantes que eu tomava. Se fosse para viver presa, eu preferia partir.

Entreguei minha vida a Deus e hoje eu corro livre com meu filho, de 6 anos. O que pode ser maior que isso?

Outros cabos horns surgiram no meu oceano. Mudança para o Marrocos, após meu primeiro casamento, um divórcio difícil, uma travessia do oceano com duas malas e uma criança de 2 anos nos braços, um recomeço de vida e profissional – depois de três outras transições de carreira bem-sucedidas –, e cada Cabo Horn que atravessei me ajuda, hoje, a ajustar o GPS de outras pessoas que embarcam em seus veleiros rumo às suas travessias.

Mães solo, mulheres em relações abusivas, pessoas que deixaram de sonhar e abraçaram uma vida "mérdia". Indivíduos que seguiram os passos de sua ancestralidade em carreiras que não amam, repetindo padrões difíceis, que passam diariamente por mim, em busca de luz.

Permito-me ser farol em suas navegações, sempre lembrando que somos todas almas humanas em uma jornada individual, na Terra, que se unem em caminhos parecidos.

Gosto também de lembrar-me e de lembrar meus clientes que nem só de Cabo Horn se vive a vida. Podemos surfar ondas incríveis, mergulhar em águas cristalinas e observar a linda vida marinha que está logo embaixo de nós. Podemos também fazer cruzeiros chiques e cheios de boa comida e boa bebida.

Existe uma única coisa que une todos os continentes do mundo, que faz com que cada pedaço de terra nesta Terra esteja em conexão: a água. São os oceanos que nos unem, que levam a vida aos quatro cantos do planeta.

Dos oceanos nascem rios, riachos, que cruzam mais e mais terra. Dentre todas as formas de água doce e salgada no mundo, quantas são as possibilidades de navegação? Quantas são as travessias possíveis? Quantos caminhos há pelas águas do mundo?

Inúmeros, incontáveis, centenas de milhares, talvez? E dentre um oceano de possibilidades, por que vamos nos submeter ao que menos nos agrada? Ou àquele que não nos leva onde queremos?

Em *Comer, rezar, amar* (2007), Elizabeth Gilbert, a autora, escolhe uma palavra preferida por cada país que ela passa. Sua palavra preferida na Itália é também a minha. Aquela que eu escolho guiar meus passos na vida pessoal e profissional. A que traduz o que eu busco levar, todos os dias, para os ouvidos que me dão o prazer de sua escuta.

Attraversiamo.

A vida que você busca precisa encontrá-la caminhando em sua direção. Diante do seu Cabo Horn ou do seu mar cristalino, o sucesso da sua jornada depende, exclusivamente, do seu querer mais profundo e genuíno. Queira. E atravesse.

"A vida que você busca precisa encontrá-la caminhando em sua direção."

Kiki Haddad

Laís M. Oliveira

Sou Laís M. Oliveira, psicanalista e palestrante. Criadora da mentoria *Conte sua história* e do *e-book 7 ferramentas de autoconhecimento.* Sou tutora do Doki e do Tobias, apaixonada pela família, café e livros, praticante de yoga, dinda do Léo e do Liam e em busca do equilíbrio da vida.

Acredito que o processo terapêutico precisa olhar para o sujeito biopsicossocial, integrando na psicoterapia os aspectos biológicos, psicológicos e sociais. Meu propósito ao escrever este capítulo é oferecer o conforto emocional para ajudar as pessoas a descobrirem e fortalecerem sua autoestima. Minha motivação vem da convicção profunda de que o autoconhecimento e o amor-próprio são fundamentais para uma vida satisfatória.

psicanalista.laisolveira

Ebook linktr.ee/psicanalista.laisoliveira

LEOAS

20 O CICLO DA NOSSA HISTÓRIA

Por Laís M. Oliveira

Minha história é sobre sonhos, uma mente barulhenta, uma voz baixa, a necessidade de aprovação e uma dose de timidez. Ao começar este relato, várias lembranças vêm à mente, lembranças que moldaram quem sou hoje.

Lá na infância, na praia, aprendendo a nadar com meu avô. O mar era calmo, uma brisa suave. Minha família estava na areia: meus pais, meu irmão e uma tia. Eu olhava para eles enquanto tentava nadar. Meu avô trazia-me de volta ao presente: "Isso! Agora bata os pés e afunde a cabeça." Mergulhava novamente, mas meus pensamentos vagavam: "Que água gelada! Será que minha mãe vai comprar uma pulseira para mim na feirinha?".

Corta para o ônibus indo para a praia com os colegas de trabalho de meu pai. Ao meu lado, minha melhor amiga. Eu usava uma calça bailarina bege, a barra acabara de ser feita por minha mãe. Enquanto ela costurava, meus pensamentos voavam: "Será que vai ficar bom? Parece que está torto. Como será lá com minha amiga? Será que meu irmão vai brincar comigo?" Minha mãe me chama de volta ao presente: "Fia, prove a calça". Lá estava eu, radiante com minha calça bailarina, sentindo-me uma verdadeira bailarina, sem perceber que era apenas o modelo da calça.

Corta para o sonho de ser bailarina. Corta para o karatê e a prova de troca de faixa. Minha mãe está assistindo. Minha mente relembrava cada golpe da luta imaginária, mas eu me distraía: "Será que minha mãe vai se orgulhar de mim?".

Corta para alguma festa, observando-me e pensando: "A roupa está boa? Eu não sei comer direito. Não sei sentar direito. Parece que as pessoas não entendem o que falo".

Corta para a adolescência e o nervosismo ao conhecer os pais do meu primeiro namorado. "Estou bem vestida? Estou falando direito? Eles entenderam o que eu disse?".

Corta para a faculdade de Direito. "O que estou fazendo aqui? Meu coração acelera. Ansiedade. Dia do trote. Preciso socializar. Olho para as roupas das outras meninas. Comprei uma bolsa nova. Preciso sempre comprar algo para me sentir bem". Fiz uma amiga. Ela era como eu, tentando se soltar apesar de estar presa. Bons tempos. Alguém me sugere mudar de curso. Sinto-me perdida. Quero largar a faculdade. Por quê? Pelos outros? Por não saber exatamente? Por pensar demais?

Corta para o cursinho. "Que difícil. Dia após dia tentando. Pensando demais. Falando pouco. Não sei o que escolher. Provas".

Corta para a faculdade. Morar com pessoas que não conheço. "O que estou fazendo aqui? As pessoas gostam de mim?".

Corta para o primeiro emprego na área em que estudei. Na entrevista: "Qual é o seu signo?", "Essa é fácil. Meu signo é ótimo". A entrevistadora avisa-me: "Vou fazer algumas perguntas, pois sei bem como é trabalhar com mulheres." Meu pensamento: "Caramba, fiz algo de errado?".

Corta. As pessoas gostam de mim? Estou bem-vestida? Falei algo errado? Não me sinto ouvida. Preciso de uma roupa para sair, prova uma, duas, três... Cabelo, roupa, postura, silêncio e respira.

Talvez você se identifique com alguma parte dessa história, ou com várias. Nós, mulheres, nos preocupamos demais com o que os outros pensam sobre nós. Nos preocupamos demais com o outro e com o bem-estar do outro. Temos uma mente barulhenta, com muitos pensamentos e questionamentos. Às vezes, simplesmente esquecemos de nós mesmas.

Conforme crescemos e amadurecemos, começamos a refletir sobre o impacto dessas situações em nossas vidas. Qual é o meu lugar no mundo? Será que consigo? Preciso ser mais experiente, estudar e aprender mais. Sempre tem um "porém": sou jovem demais, mas já perdi muito tempo e estou velha demais. Será que estou medindo minha vida com a mesma régua do outro?

Às vezes nos sentimos cansadas; por outro lado, animadas. Assim como a lua, seguimos nosso ciclo, dia após dia, todos os meses. Eu me sinto em lua cheia, nova, minguante e crescente. Há momentos em que brilho intensamente e outros em que me escondo atrás das nuvens. Talvez seja apenas uma questão hormonal, mas meu emocional também decidiu viver os ciclos da lua.

Uma frase ressoa: "Mulher, você precisa" demonstrar autoridade, sabedoria, inteligência, leveza, beleza; às vezes, agressividade, outras amorosidades. Você precisa mudar o cabelo, o contorno dos lábios, o corpo, as unhas, os acessórios, e muitas vezes moldar as próprias emoções. E por dentro? Um turbilhão de pensamentos: "Será que desliguei a chapinha? Coloquei água para o cachorro? O que temos para o jantar?".

Que cansativo é carregar essa autoridade! Quantas pedras colocamos em nossa mochila tentando nos encaixar nesse padrão. Imagine caminhar com uma mochila cheia de pedras, que peso para essa jornada! Se você é meiga, doce e transmite acolhimento, sempre aparece algo para sugerir que talvez precise demonstrar mais autoridade, e, para isso, existe a fórmula mágica. Mas se demonstra mais autoridade e agressividade, também precisa "descer do salto". Falando em sapatos, como escolher o ideal: salto, rasteirinha, tênis? Não quero chamar muita atenção, nem passar despercebida.

Esses relatos não tratam apenas da aparência física; estamos falando do emocional, do barulho interno, daquilo que não sabemos expressar, mas sentimos. Na maioria das vezes, estamos presas nesse barulho, mergulhadas em nossos pensamentos e sentimentos, sorrindo por fora enquanto tentamos entender o que está nos afetando. Será que o que está me afetando está dentro ou fora de mim? Neste momento, estou aqui e gostaria de falar, ou melhor, que você sentisse que estamos conectadas.

Respire. Desacelere. Comece a se observar, a se questionar. Será que nunca se sentiu bem, leve e solta por causa do seu físico? Da roupa que você veste? Ou será que está relacionado à sua mente, às suas emoções e ao ambiente em que você está?

É difícil perceber e descobrir que a maior crítica que recebemos, a voz mais alta, é a nossa interna. Ela não sussurra; ela grita e transborda em autocobrança, procrastinação, perfeccionismo, insegurança e em uma briga diária com o espelho, o número da calça, o guarda-roupa e a sapateira. Talvez passemos a maior parte da vida esperando por uma aprovação, por uma validação. Mas quem irá nos validar?

Queria eu, parafraseando a bruxa da Branca de Neve, questionar meu espelho e ter a resposta tão esperada. "Espelho, espelho meu... O que eu quero validar?". Esqueceram de nos ensinar a importância de nos conhecermos, nos observarmos, respeitarmos nossas vontades, até mesmo reconhecê-las. E o mais importante, aprender a regular as emoções, permitindo-nos sentir. Afinal, somos cíclicas, como mencionado anteriormente: um ciclo lunar de hormônios, emoções e sentimentos. Com isso, eu me dou o direito de sentir e ser, hoje; amanhã talvez.

Como demoramos para entender nossa ciclicidade, para respeitar esse tempo e espaço! Muitas vezes acabamos nos encaixando na vida do outro, invadindo seu espaço por amor, por algum sentimento, por validação e, no fundo, nos colocam em posição de inferioridade.

Assim, precisamos construir nosso próprio espaço. Comece se observando. Do que gosto? O que quero comigo no meu espaço? Seu lugar, seu espaço pode ser cheio de flores, de livros, de amores; pode ser quente como o sol ou frio como uma tarde de inverno; pode ser colorido ou apenas nas cores que você prefere. Neste momento, você pode estar pensando: "Mas que solitário é esse meu espaço!". Saiba que, como tomadora de decisões, em alguns momentos você pode querer abrir espaço para que outras pessoas entrem e lhe transbordem.

Podemos sempre falar sobre o amor e a importância desse sentimento na construção, ou melhor, na reconstrução de nossa estrutura fortalecedora. Nas relações amorosas, multiplicamos nosso espaço, onde combinamos nossos mundos, mas nunca me esqueço de regar e cuidar do meu próprio espaço. Na maternidade, abro meu mundo, agregando e oferecendo suporte para que aquele outro ser possa construir seu próprio mundinho, seu espaço, com todo o meu amor.

Nossa criação, estrutura social, as pessoas com quem convivemos, como aprendemos a lidar com nossas emoções e conflitos internos, e tudo o que ouvimos ao longo da vida sobre nós mesmas ecoam em nossa mente, e, no final, constroem ou destroem nossa autoestima e segurança. Poderíamos escrever muitas páginas sobre o quão prejudicial todo esse processo pode ser, se estruturado de maneira errada. Mas estamos aqui para lembrar e transformar essa rotina que nos consumiu. Precisamos regar nossas flores, ler nossos livros, contar nossa história, tomar nosso café, nosso vinho. Precisamos cuidar da mente, do corpo, da alma, do rosto, do sorriso, da fala. Cuidar de tudo aquilo que nos estrutura e dá sentido à nossa vida.

E se eu contasse outra história para mim, sobre mim? Se a neurociência nos diz que podemos treinar nosso cérebro em direção a uma rotina, seria possível treinar meu cérebro para ter autoestima? Será que posso elaborar, narrar e projetar uma nova história para mim? Na minha nova história, eu me acolho, me escolho e me vejo. Eu me valido sem esperar validação. Crio meu próprio lugar no mundo. Mudar nossa mentalidade, alterar nossos padrões de comportamento, demanda tempo, energia e vontade.

O que você faria se não estivesse presa às expectativas criadas sobre você? E se percebesse que não é procrastinação, mas sim baixa autoestima ou falta de autoconhecimento? Qual caminho teria seguido se entendesse que viveu em uma estrutura não benéfica para si mesma? Pare, respire e se observe; a vida está aqui, cada parte de você é especial e você está em seu processo, em sua jornada e onde precisa estar. Conecte-se consigo mesma, descubra-se. A verdadeira beleza reside em seu processo interno de autoconhecimento, no reconhecimento de suas fraquezas e forças.

E se você se reconectar consigo mesma, abraçar suas imperfeições e celebrar suas singularidades, o que pode acontecer?

Conte-me a sua história.

"Somos cíclicas, um ciclo
lunar de hormônios,
emoções e sentimentos.
Com isso, dou-me o direito
de sentir e ser, hoje;
amanhã talvez."

Laís M. Oliveira

Marcela Freitas

Olá! Sou Marcela Freitas, mineira natural de Uberaba/MG, de corpo, alma, fé e coração, filha da Dona Cida e Sr. Eurípedes e apaixonada em transformar, viver e viajar.

Empreendedora, mentora, palestrante e consultora, atuo há mais de 15 anos na área de desenvolvimento humano e subsistemas de RH, construindo minha trajetória em multinacionais, consultorias e atendimentos individuais.

Administradora, especialista em Gestão de Pessoas, Coach, Psicanálise e Constelação Sistêmica. Acredito no poder e incentivos do autoconhecimento, lideranças humanizadas, conexão de propósitos pessoais e organizacionais para grandes resultados.

marcelafreitas.dh

+55 (34) 99141-8087

consultoramarcelafreitas

marcela@mfdesenvolvimentohumano.com.br

mfdesenvolvimentohumano.com.br

LEOAS

21

LIDERE A SI MESMO: SUA HISTÓRIA, SUA ESSÊNCIA

Por Marcela Freitas

Aprendi que as nossas melhores habilidades e competências são desenvolvidas ao longo da nossa vida com o poder da nossa história, essência, ressignificação e que, se alinhadas com ferramentas que potencializam o nosso desenvolvimento, sejam elas nas mais diversas vertentes, são capazes de nos levar ao próximo nível de evolução pessoal e profissional.

Mas nem sempre foi assim essa compreensão, foram necessários muito anos de dedicação ao autoconhecimento, cura de um feminino ferido e uma vontade gigantesca de me tornar melhor, na busca de transformar dores e transbordar isso ao mundo.

Nasci em uma família muito simples, de história simples, criada com mãe solo e de uma força gigantesca para permitir que nada nos faltasse e pudéssemos nos tornar seres humanos do bem, melhores. E ela lutou bravamente por isso, ensinando-me a força de não desistir, coragem para ir sempre adiante, vencendo as muitas dificuldades, vontades, mudanças entre alegrias e tristezas do nosso jeito.

E foi por meio desses cenários de dificuldades que aprendi bem cedo o valor da persistência, da ausência emocional de meu pai a ser a pequena grande guerreira e em acompanhar minha mãe trabalhando dia e noite o valor do trabalho e os primeiros aprendizados sobre liderança, ouvindo-a sempre me dizer: "Só posso lhe deixar os ensinamentos da vida, educação de valores, o resto é com você", e assim foi com muitas lutas e orgulho.

Cresci entendendo que para um cenário diferente e melhor, precisaria buscar as oportunidades e fazer acontecer. O amadurecimento veio muito cedo, comecei a trabalhar aos 10 anos, até os meus 18 anos fiz docinhos, decoração de balões, cuidei de crianças, vendi bijuterias, produtos de beleza, garrafas *pet*, entre tantas coisas que me ensinaram a fazer dinheiro. Foi nessa época que aprendi sobre comunicação, escuta, negociação e persistência, afinal meu sonho era me formar, e para isso eu precisava de dinheiro para pagar meus estudos, o quanto fosse necessário trabalhar eu trabalharia para ter um futuro diferente.

Nem sempre fui a aluna que tirava as melhores notas da escola e nem da faculdade, mas a que mais se **esforçava** ao que era proposto pelos professores. Eu me dividi, muitas vezes, entre a turma do fundão e a da frente, na busca de aprender também a como me **relacionar**, foi na faculdade que entendi que no jogo da vida e das organizações, as relações pessoais são muito importantes e fazem toda a diferença na nossa evolução, não apenas ter boas notas.

Sempre sonhei grande, em ser melhor, fazer melhor e a diferença, movida por uma força de que desistir nunca seria uma opção, afinal, eu não tinha outra opção. Lembro-me que um dia, em frente a uma loja, dessas de departamento, fiquei parada na vitrine por alguns minutos, olhando e sonhando com um aparelho de DVD, sim na época era o auge e ao pedir para a minha mãe com os meus olhos cheios de desejo e vontade e ela me respondeu: "Minha filha, nunca vamos poder ter um DVD".

A palavra **nunca** soou na minha alma por muito tempo e ali ficou por anos sendo ressignificada, fortalecendo-me em busca de uma nova realidade, porque dentro de mim eu já tinha decidido que eu teria um DVD algum dia e viveria coisas incríveis, eu só precisava aprender como fazer isso acontecer.

Conquistei grandes oportunidades em multinacionais, comecei então a fase 2 da minha trajetória e minha história com área de recursos humanos, especialmente no pilar de desenvolvimento humano. A área conectava-me com a paixão dos estudos da administração, psicologia, aprendizados da vida e oportunidade de fomentar melhores resultados em negócios, por meio de pessoas e lideranças, tornando-se minha paixão diária. Assim me fiz e fui construindo minha carreira.

Cresci de forma rápida, minha vida melhorou, conheci lugares e pessoas que nunca imaginei, assumi minha primeira liderança bem cedo e cheguei a liderar mais de vinte pessoas em minha equipe, destacando-me pela habilidade de uma **liderança humanizada**. Eu conseguia de forma muito simples me conectar com as pessoas, suas dores e oportunidades, engajando-as sempre ao seu melhor, afinal, eu já tinha percorrido aquele caminho de alguma forma.

Entendi que cada membro de uma equipe que eu ajudava a se desenvolver, era um pedaço da minha história que se conectava e algo em mim se transformava. Novos desafios chegaram também e a cada passo que eu crescia, eu me doava e estudava mais, na busca de entregar o meu melhor. De forma insana e sem muita consciência, cuidava e ajudava todos ao meu redor achando que eu poderia salvar todos.

Foi quando eu percebi que tudo que eu estudava sobre desenvolvimento, gestão das emoções, cuidado com as relações estava sendo mais aplicado aos outros do que em mim mesma. Ajudar os outros ajudava-me também de certa forma, mas sem doer tanto. Compreendi, então, que em algum momento da minha história esqueci de mim, ou melhor, eu não tinha aprendido sobre isso, sobre apenas ser.

Ao longo da minha infância e adolescência, a pequena guerreira precisou ser mais forte, assumir o papel para ir adiante. Mas esse papel ficou pesado, adoeceu-me; eram anos de tanto esforço, foco e dedicação se manifestando e pedindo: "pare um pouco, ajuste a rota, você também merece receber, é hora de aprender sobre **equilíbrio**".

E assim foi, dediquei-me ao mais profundo movimento de autoconhecimento, revirei todas as minhas gavetas internas e das emoções para entender o que acontecia, fiquei cara a cara com meu feminino ferido, crenças de escassez, dores familiares e fui aprender sobre ser.

Ser para mim e não apenas para outros, despedir-me da minha busca inconsciente pela aceitação de ser amada pelos outros e que só poderia ser reconhecida pelo meu trabalho. Ajustei rotas internas, mergulhei na terapia, conheci as constelações sistêmicas e me apaixonei. Foi um divisor de águas na minha compreensão e aceitação das minhas raízes, aprendi a me alimentar, respeitar meu corpo, fortalecer ainda mais a minha fé e a lidar com a paz e equilíbrio interno como parte do desenvolvimento.

Minha liderança ficou ainda mais humanizada, só que agora equilibrada e meus resultados cresceram ainda mais, agora eu praticava aquilo que eu incentivava, pude participar de grandes transformações em outras vidas e equipes e liderar a mim mesma antes de liderar outros virou meu mantra de desenvolvimento.

Foi então que a minha carreira mudou também e meus sonhos já não eram mais as grandes cadeiras executivas, vestindo uma única camisa, e sim o desejo por várias, onde eu pudesse dividir com mais líderes e pessoas apaixonadas por suas carreiras o poder da transformação interna em seu próprio desenvolvimento.

E esse sonho tornou-se realidade com o desejo de empreender e guiar outros profissionais utilizando de toda a minha experiência, história de vida, estudos e desenvolvimento de competências ao longo desses anos por meio da minha mentoria, com objetivo de convidar o(a) mentorado(a) a passar pelos três estágios como eu: Desperte, Transforme e Evolua.

Despertar internamente é preciso para um próximo passo de desenvolvimento, acredito que só evoluímos quando decidimos olhar para as nossas raízes, emoções, sacudir a poeira e encarar aquilo nos trava, crenças e pensamentos que nos bloqueiam, sem buscar culpados em nossa história.

Na mentoria, trabalhamos nas sessões iniciais a identificação de forma sistêmica dos principais pontos de bloqueio, alinhados com os desejos de desenvolvimento pessoal e profissional, um convite para encarar o seu autoconhecimento com o compromisso de evoluir 1% ao dia, e para grandes resultados a longo prazo.

Aprender a olhar para o nosso passado sem dor nos permite desenvolver um presente mais calmo e liberar um novo futuro, o que passou faz parte de quem nos tornamos. Somos um único ser, nossas vidas pessoais estão interligadas com nossas vidas profissionais, construir um equilíbrio de desenvolvimento entre ambas é o meu grande desafio e o maior aprendizado para o conceito de sucesso.

Foi assim que eu compreendi o poder da transformação, não adianta apenas acelerar, é preciso consistência em pequenos passos e não parar, o nosso tempo interno é individual. Só depois de dedicar a si mesmo, é que ganhamos força e musculatura para uma transformação e desenvolvimento de novas competências.

É como preparar uma base mais fortalecida, deixando-a pronta para encarar os novos objetivos e desafios que vão aparecer (porque eles vão aparecer) e se alguém te falou que seria fácil, é mentira. Evoluir dá trabalho, o processo não fica mais fácil e sim nos tornamos melhores, aprendemos a reconhecer e a lidar com as emoções, prontos para encarar novos cenários e nos mover com estratégias.

Enfim, o **Transforme** é um convite para explorarmos os novos comportamentos que começam a se consolidar, diante de situações que antes não conseguíamos lidar e o despertar nos permitiu. É o início do desenho de novas competências, através de habilidades e atitudes, alinhados aos nossos objetivos profissionais, pessoais.

Fortalecemos a nossa coragem e mergulhamos no **Evolua** e, a cada passo, olhamos a rota que foi percorrida: erros, acertos, novas emoções e objetivos que foram alcançados com a confiança de um novo passo, prontos para uma nova conquista.

Em alguns momentos de nossas vidas as prioridades pessoais e profissionais serão diferentes, nos desafiando a colocarmos em prática a arte do equilíbrio. Não podemos esquecer que ambas complementam a nossa realização, se mantermos em nosso radar a clareza dos nossos objetivos e poder de transformação. A carreira não precisa ser uma disputa com a sua vida pessoal e vice-versa.

Pensei em desistir muitas vezes, chorei de cansaço, mas aprendi a descansar porque amanhã tem mais, e não tem um dia dessa vida que eu não tenha me perguntado: "Como eu posso ser melhor hoje?". Eu consegui, você consegue.

E por aí, quais habilidades ou emoções você precisa aprimorar para impulsionar sua carreira, alcançar um equilíbrio mais sólido e reviver sonhos que foram deixados de lado?

Que você possa viver a leve sensação de que a vida é como um rio, que flui sempre para frente, sendo impulsionado pela força que vem lá de trás e em busca do mar. Conte comigo nesta jornada!

"Penso que nem sempre são as coisas que melhoram, mas somos nós que evoluímos. Ficamos mais sábias, fortalecidas com o percorrer da nossa jornada!"

Marcela Freitas

Margareth Marcelino

Sou Margareth Marcelino, natural do Rio de Janeiro/RJ, onde resido com minha família. Desde 2009, atuo como missionária, tendo servido em diversas missões, incluindo Jocum de Almirante Tamandaré/PR, Jocum do Crato/CE e Juvep em João Pessoa/PB. Sou pastora, palestrante e terapeuta, com formação em Teologia, Administração de Empresas, especialista em Psicoteologia, Inteligência Emocional e PNL.

Sou autora do livro *Maturidade espiritual e emocional* e conselheira na Escola Integral de Formação de Libertadores (Eifol). Também atuo como analista comportamental e corporal. Desde 2005, dedico-me a promover cura, restauração e crescimento espiritual.

pra.magarethmarcelino

Margareth Marcelino

Margareth Marcelino

mmargarethflorecendo2018@gmail.com

LEOAS

22

O PODER DA RESILIÊNCIA: A ARTE DE SE REERGUER

Por Margareth Marcelino

A vida é cheia de desafios e mudanças inesperadas que podem abalar nossas fundações e nos deixar questionando nosso caminho. No entanto, são nesses momentos de adversidade que a resiliência emerge como uma força poderosa, permitindo-nos levantar, superar e florescer. Este capítulo é um convite para as mulheres cristãs, de todas as idades, a embarcarem em uma jornada de autodescoberta e fortalecimento espiritual.

Aqui, exploraremos como a fé em Deus e os princípios cristãos podem ser um alicerce sólido em tempos de turbulência. Antes de continuar com o tema referente ao meu capítulo, quero contar para vocês como foi que consegui me libertar do medo, da insegurança e do sentimento de incapacidade e fracasso quando pedir minha empresa.

Durante quase trinta anos, minha irmã Raquel e eu gerimos uma empresa prestadora de serviços que foi nossa fonte de sustento e realização. No entanto, com o tempo, a empresa passou a gerar apenas dívidas e frustrações, o que nos levou a decidirmos fechá-la em 2016.

Porém, eu me vi totalmente despreparada para enfrentar um novo desafio com a minha idade. O medo de recomeçar aos 59 anos era paralisante. Não acreditava que era capaz de fazer outra coisa.

Foi apenas em 2017 que percebi que não havia outra saída. Minha vida estava estagnada, minha saúde debilitada e meu emocional desgastado. Enfrentei a realidade de não ter mais a empresa, sem saber como sustentar-me, sem o apoio de familiares próximos e ainda com dívidas. Sentia-me desamparada, sem identidade profissional e com medo do futuro.

Olhando para o passado, vi quantos sonhos não realizados e oportunidades perdidas. O sentimento de estar velha demais para recomeçar dominava-me. Foi aí que pensei: ou eu ficava chorando e lamentando o tempo que perdi ou eu buscava uma saída para aquela situação.

Jornada de fé, força e resiliência

Realmente, nem tudo estava perdido! Havia uma luz no fim do túnel. Decidi que não morreria frustrada. Orei e declarei: "Eu não vou morrer sem ver os propósitos de Deus se cumprindo em minha vida!".

A resiliência é um aspecto fundamental da fé. Ela nos ajuda a manter a perspectiva correta diante das provações, a ver as dificuldades como oportunidades de crescimento e a confiar no plano divino. Resiliência é a capacidade de se recuperar rapidamente de dificuldades e desafios, mantendo a serenidade e a força interna.

Para mim, a resiliência não é apenas uma questão de resistência, mas também de confiar em Deus para obter sabedoria e orientação em tempos difíceis. É uma habilidade que nos permite enfrentar as adversidades com coragem e esperança, sabendo que Deus está ao nosso lado.

A Bíblia está cheia de histórias de pessoas que superaram grandes desafios pela fé, encontrando força para perseverar. A resiliência nos ensina a depender de Deus, reconhecer Sua soberania e confiar que Ele está no controle de tudo.

Davi é um exemplo de resiliência. Quantas perdas, lutas e tribulações ele superou, porque confiou em Deus! A nossa intimidade com Deus nos leva a contemplá-Lo melhor, gerando mais fé em nossos corações. A vida de Davi é narrada na Bíblia nos livros de 1 e 2 Samuel, 1 Reis e 1 Crônicas.

Assim, determinada a não ser refém da idade ou do medo, percebi que a responsabilidade pela minha situação era minha e, confiando em Deus, busquei uma saída para mudar minha história.

Reescrevendo minha história com coragem e propósito

Em meados de 2017, comecei a assistir alguns vídeos sobre inteligência emocional. Segundo Daniel Goleman, em seu livro *Inteligência emocional: a teoria revolucionária que redefine o que é ser inteligente*, criador do conceito em destaque, definiu inteligência emocional como: "[...] capacidade de identificar os nossos próprios sentimentos e os dos outros, de nos motivarmos e de gerir bem as emoções dentro de nós e nos nossos relacionamentos". Para ele, "a inteligência emocional é a maior responsável pelo sucesso ou insucesso dos indivíduos" (Goleman, 1995, p. 56).

Eu me identifiquei bastante com as mensagens dos vídeos. Até porque desde 2005 tenho trabalhado na área de aconselhamento e restauração interior. Foi um divisor de águas para mim!

Em 2018, descobri o Método CIS de Paulo Vieira, um treinamento de inteligência emocional baseado em ferramentas de *coaching*, que transformou minha vida.

Desde que decidi mudar, presenciei grandes revoluções que antes pareciam impossíveis. Transformei minha forma de pensar, adotando uma atitude positiva e confiante. Tornei-me mais segura, deixei de me comparar com os outros e comecei a focar nos meus sonhos e no propósito da minha existência.

Essa mudança também impactou minhas relações familiares. Parei de cobrar carinho e atenção, o que melhorou significativamente nossas interações.

Em 2019, decidi capacitar-me e fiz a formação de *coach* pela IBC, especializando-me em inteligência emocional. Desde então, nunca mais parei de me desenvolver.

Realmente, desenvolver resiliência nos permite transformar experiências difíceis em oportunidades de aprendizado e desenvolvimento, fortalecendo nossa fé e nos aproximando de Deus e das pessoas. Hoje, sinto-me mais forte e confiante, com hábitos saudáveis e uma mente renovada.

Estratégias práticas para desenvolver resiliência

1. Autocuidado

a. Espiritual: reserve um tempo para orar e ler a Bíblia todos os dias. Isso ajuda a manter a comunhão com Deus e a encontrar paz;

b. Físico: mantenha uma dieta equilibrada, faça exercícios regularmente e durma bem. Seu corpo saudável ajuda a enfrentar desafios;

c. Emocional: envolva-se em atividades que gosta e passe tempo com amigos e familiares. Pratique técnicas de relaxamento, como a respiração profunda.

2. Definição de metas

a. Metas realistas: estabeleça objetivos pequenos e alcançáveis. Isso facilita o progresso e mantém a motivação;

b. Planejamento flexível: tenha um plano, mas esteja pronta para ajustar conforme necessário. A flexibilidade ajuda a lidar com imprevistos.

3. Mentalidade positiva (Rm 12:2)

a. Pensamento positivo: concentre-se nas coisas boas e pratique a gratidão. Substitua pensamentos negativos por positivos.

b. Afirmações: use frases inspiradoras e versículos bíblicos para reforçar a confiança em si mesma e em Deus.

4. Técnicas de resiliência

a. Resolução de problemas: aprenda a resolver problemas de forma prática. Identifique soluções e tome decisões informadas.

b. Resiliência positiva: encontre o lado positivo nas dificuldades e use os desafios como oportunidades de crescimento.

Pergunta reflexiva: Qual dessas estratégias você acha mais fácil ou difícil de começar? Como pode começar a aplicá-las?

Três exercícios de autoconhecimento e desenvolvimento espiritual

1. Diário de reflexão: este exercício ajuda a aumentar a autoconsciência e a detectar padrões de comportamento e áreas de crescimento espiritual. Reserve de 10 a 15 minutos diários para escrever em um diário. Use perguntas guiadas para refletir sobre seu dia, suas emoções e suas experiências espirituais.

Perguntas sugeridas:

- O que aprendi hoje sobre mim mesma?
- Como minha fé influenciou minhas ações e pensamentos hoje?
- Quais desafios enfrentei e como a oração me ajudou a superá-los?

2. Exercício de gratidão: o exercício de gratidão promove uma visão positiva da vida e ajuda a focar nas bênçãos, mesmo em tempos difíceis.

- Liste três coisas pelas quais você é grata a cada dia;
- Reflita sobre como essas bênçãos influenciam sua vida e seu estado de espírito;
- Compartilhe suas reflexões com um amigo ou mentor espiritual para aumentar o impacto positivo.

3. Prática de autocompaixão: essa prática reduz o estresse e melhora a capacidade de enfrentar desafios com uma atitude mais positiva.

- Quando enfrentar dificuldades ou cometer erros, pratique a autocompaixão em vez da autocobrança.
- Diga a si mesma, palavras de encorajamento e compreensão, assim como faria com um amigo querido.
- Reflita sobre como a autocompaixão pode influenciar sua resiliência e bem-estar.

Pergunta reflexiva: qual desses exercícios você acha mais relevante para seu desenvolvimento espiritual e pessoal? Como você pode incorporar esses exercícios em sua rotina diária?

Conclusão e encorajamento final

Neste capítulo, discutimos a importância da resiliência e maneiras de fortalecê-la por meio das minhas experiências espirituais e pessoais.

Para concluir, gostaria de compartilhar que, ao longo da minha jornada como conselheira cristã e terapeuta, observei que muitas mulheres, especialmente aquelas com mais de 45 anos, enfrentam inseguranças semelhantes. Mesmo com sinceridade e uma vida espiritual ativa, é comum encontrarem-se emocionalmente paralisadas em algumas áreas. Essas experiências me levaram a criar a **Mentoria MES – Mulheres Emocionalmente Saudáveis**.

A **Mentoria MES** é uma iniciativa que visa proporcionar uma jornada de amadurecimento interior. Oferecemos uma experiência transformadora que abrange o crescimento espiritual e emocional, ajudando as mulheres a construírem caminhos para o amadurecimento em todas as áreas da vida. Nossa missão é capacitar essas mulheres a fortalecerem suas relações com Deus, com os outros e consigo mesmas, guiando-as para transformarem desafios em realizações significativas.

Acreditamos que todas as mulheres têm um potencial incrível para alcançar seus sonhos e viver o propósito para o qual foram criadas, não importando a fase da vida em que estejam. Nosso objetivo é ajudá-las a descobrirem e liberarem esse potencial, proporcionando um espaço seguro e acolhedor, para poderem explorar e desenvolver suas habilidades e talentos.

Junte-se a uma comunidade de mulheres comprometidas com seu crescimento e com a busca de uma vida significativa, alinhada com os propósitos divinos.

Chegou a hora de você iniciar sua jornada de transformação!

Referência

GOLEMAN, D. **Inteligência emocional**: a teoria revolucionária que redefine o que é ser inteligente. Rio de Janeiro: Objetiva, 1995.

"É possível recomeçar, superar desafios, romper barreiras e conquistar uma vida plena e realizada!"

Margareth Marcelino

IMPERIUM

Marie Bèndelac

Sou Marie Bèndelac, sou francesa e me mudei para o Brasil em 2009. Após dezoito anos como executiva em multinacionais, fiz uma transição de carreira.

Por ter sofrido com relacionamentos abusivos, comecei a mergulhar no estudo da psicologia e me apaixonei pela comunicação não violenta (CNV). Foi um divisor de águas na minha vida e decidi levar esse conhecimento para o maior número de pessoas possível.

Criei meu próprio método de CNV e empatia na prática – o Método CONECTA.

Após ter sofrido um assédio grave, tornei-me especialista em narcisistas e psicopatas, impactando a vida de milhões de pessoas e ajudando milhares de homens e mulheres a se libertarem e se blindarem mentalmente, emocionalmente e espiritualmente.

mariebendelac

+55 (21) 4040-1566

marie@bepeople.com.br

LEOAS

23

DOS ABUSOS NARCISISTAS AO PALCO

Por Marie Bèndelac

A maioria das pessoas que me olha hoje não imagina tudo que eu tive que superar para chegar aonde estou. Como muitas mulheres, sofri inúmeros abusos ao longo da minha infância e até na vida adulta. Até com psicopatas eu tive que lidar e aprender a me defender.

Quando eu era adolescente, falaram-me que eu não era inteligente porque eu não gostava de matemática. Que eu não ia conseguir ser alguém na vida. Em 2017, eu fui convidada a participar de um curso em Harvard. Nem nos meus maiores sonhos imaginei que isso fosse possível. Alguns anos atrás, eu falei que eu queria palestrar para mais de mil pessoas e me disseram que eu era louca. Hoje, eu já palestrei para mais de duas mil pessoas em uma única palestra e, nos últimos anos, alcancei mais de vinte milhões de pessoas com o meu conteúdo.

Eu não tive uma infância fácil. Aos 2 anos, meu pai saiu de casa por causa de muitas brigas com a minha mãe e atitudes estranhas por parte dela. Ele não sabia que ela estava desenvolvendo algum tipo de demência e achou que se afastando ia fazê-la reagir e voltar a ter comportamentos "sensatos". Mas a situação só piorou. Minha mãe começou a ter paranoia e nos trancou dentro de casa junto com ela, durante alguns dias, eu e meus cinco irmãos, sem nada para comer, no final. Minha irmã mais velha me contou que antes de sermos resgatados e arrancados à força pelos bombeiros, minha mãe tinha guardado algumas cascas de queijo para mim em prioridade, porque eu era bebê, e que ela e meus demais irmãos não tinham nada para comer. Eu era a caçulinha. O bebezinho. Totalmente frágil e vulnerável.

Até meu pai conseguir obter a nossa guarda, fomos colocados em um tipo de orfanato e eu fui acolhida por uma família durante alguns meses, sem entender porque eu não podia ver minha mãe, meu pai e meus irmãos. Um dia, minha irmã mais velha visitou-me de surpresa e encontrou-me chorando desesperadamente em plena tarde em um quarto escuro, a fralda cheia de xixi... Ninguém estava cuidando de mim. Hoje, eu sei que essa família, além de me negligenciar, cometeu vários abusos e fiquei totalmente traumatizada, além de me sentir abandonada e rejeitada, longe da minha família, com apenas dois aninhos.

Quando meu pai conseguiu finalmente me recuperar, tentou me consolar durante meses. Segundo ele, eu tinha pesadelos todas as madrugadas e ficava chorando sem parar, sem ninguém conseguir me acalmar. Naquela época, morávamos no Sul da França, em La Ciotat, onde eu nasci, a 45 minutos de Marselha. Quando eu tinha 6 anos, meu pai perdeu o emprego e nos mudamos para Paris, onde ele recebeu uma oportunidade de trabalhar para uma empresa de informática. Ele era engenheiro e teve que trabalhar muito para sustentar os seis filhos sozinho. Ele foi um herói. Mas eu não entendia isso, como criança. Ele estava muito ausente emocionalmente e mentalmente.

Eu me sentia desconectada, não amada, e para piorar, um dos meus irmãos mais velhos me perseguia o tempo todo com atitudes cruéis e sádicas. Tentou me afogar na piscina da minha tia, "de brincadeira", entre outras coisas. Eu tinha muito medo dele e me sentia totalmente vulnerável e desprotegida. Ele conseguia manipular o meu pai e se fazia de santo na frente dele. Eu ficava com muita raiva e com um sentimento de total impotência e injustiça. Ele mentia o tempo todo e meu pai acreditava. Isso me deixava muito frustrada e triste e eu comecei a deprimir.

Eu tive pensamentos de suicídio até completar 12 anos. Eu só parei de pensar em tirar a minha própria vida quando meu irmão do meio se jogou pela janela da nossa sala, do décimo andar do nosso prédio. Ele tinha apenas 16 anos, e, até agora, não sei por que ele escolheu fazer isso no dia do aniversário da minha mãe, no dia 27 de fevereiro de 1990. Além de ser muito sensível, ele sofria muito com as perseguições cruéis do outro irmão.

As pessoas que não conhecem a minha história pensam que minha vida sempre foi perfeita, que tudo foi fácil para mim. Dizem que eu tenho "cara de rica". Apesar de nunca ter faltado comida no meu prato, os abusos e a falta de apoio emocional deixaram-me muitas sequelas e traumas que dificultaram o meu crescimento. Eu tive que lutar muito para vencer e superar os traumas causados por várias pessoas com quem eu convivi ao longo da vida. Tive uma madrasta que ora me adorava, ora me odiava e gritava no meu ouvido, jogava-me contra a parede de forma histérica, acusando-me de coisas que eu não tinha feito. Ela tinha traços narcisistas e provavelmente algum transtorno de humor que parecia ser bipolaridade.

Com isso tudo, desenvolvi vários sentimentos como vergonha, medo, culpa, raiva, mas eu não podia demonstrá-los. Eu tinha que engolir sapos e reprimir tudo aquilo. Eu me sentia impotente, menor, inferior aos outros, incapaz, diferente, inadequada e cresci com uma baixa autoestima que eu sempre consegui disfarçar. Não que eu não tenha recebido amor na minha infância, pelo contrário, porém, esse amor era sempre intercalado com abusos, negligências e falta de respeito e consideração em relação aos meus sentimentos e às minhas necessidades como ser humano.

Eu me fortaleci progressivamente graças à terapia, à comunicação não violenta (CNV) e várias outras abordagens, até começar a me amar, me afirmar e me respeitar, com 42 anos. Eu passei os últimos 15 anos da minha vida, desde que eu cheguei no Brasil para morar com meu marido em 2009, buscando conhecimento e autoconhecimento. No início, comecei a estudar por conta própria a psicologia e a CNV, para ajudar pessoas com desequilíbrios emocionais. Eu estava lidando com indivíduos extremamente agressivos e eu queria ajudá-los a gerenciar as suas emoções. Foi o que me levou também a fazer a minha primeira de sete certificações em *coaching*.

Eu queria ter ferramentas para ajudar pessoas e mal sabia que todo esse conhecimento que eu ia adquirir serviria, na verdade, para a minha própria cura. Hoje, eu entendo que a minha missão é me iluminar, me curar e me fortalecer cada vez mais, para iluminar, curar e fortalecer outras pessoas.

Aos 46 anos, eu sou uma mulher feliz e realizada. Eu, que não podia ouvir falar "Deus" por causa da minha mãe que era fanática – e eu tinha feito uma associação negativa dessa palavra com a demência dela –, mudei por completo e desenvolvi uma fé inabalável. Entendi que todos os desafios que eu passei foram perfeitos para que eu me tornasse a pessoa e profissional que eu sou hoje. Entendi que todo deserto é uma fase de preparação para a evolução e o crescimento da nossa alma. Até psicopatas eu venci. Eu não me sinto mais vítima. Pelo contrário. Sou uma vencedora e você também é. Se você está lendo esse livro agora, é porque você já superou muitas coisas.

Não sei por qual desafio você está passando agora e o que você gostaria de alcançar, mas eu quero lhe dizer uma coisa: comece acreditando que é possível... Se eu consegui, você também consegue. Confie. Acredite em você e nos planos de Deus. Henry Ford (s.d.) dizia que se você pensa que você pode ou pensa que você não pode, você está certa. O que você escolhe? Eu escolhi acreditar que eu posso.

A partir das minhas dores e dos meus estudos, desenvolvi meu próprio método e já ajudei milhares de pessoas a serem mais felizes, terem melhores relacionamentos, mais saúde e serem bem-sucedidos profissionalmente. Tudo com embasamento científico e uma pitada de intuição e espiritualidade para temperar as técnicas e tornar os resultados ainda mais extraordinários, para não dizer "sobrenaturais", certas vezes.

A partir da minha experiência, gostaria de deixar para você dez conselhos que eu gostaria de ter recebido anos atrás:

1. Seja mais leoa e menos boazinha. Pare de querer agradar a todos. Nem Jesus conseguiu. Aprenda a não se importar com o que os outros pensam e falam – inclusive, o seu crítico interno. Tenha foco nos seus objetivos, coragem, determinação e fé inabalável.

2. Estude um pouco todos os dias. Busque conhecimento e autoconhecimento de forma contínua, não apenas quando surgem as dificuldades.

3. Procure se informar sobre o Triângulo Dramático de Karpman, psicopatas, narcisistas e outros transtornos de personalidade.

4. Peça ajuda. Não se isole e não seja autossuficiente. Todo mundo precisa da ajuda de alguém. Aliás, as leoas, muitas vezes, se defendem em grupo.

5. Faça cursos e terapias para ampliar a sua consciência, conhecer e desenvolver suas forças, transformar as suas crenças limitantes e quebrar os padrões familiares que você não quer repetir.

6. Como a leoa, seja doce e amorosa, mas lute pelo que você acredita, pelo respeito, por tudo que é importante para você e por todos que você ama. Não deixe ninguém te destruir, nem destruir a sua família ou sua carreira.

7. Mantenha um diário de gratidão, ore, medite e se exercite.

8. Estude sobre dinheiro e crie sua liberdade financeira.

9. Pare de se comparar. Ame-se e respeite-se.

10. Saia do sentimento de ser ou de ter sido vítima. Tudo tem um propósito. Procure entender o que você precisa aprender com cada desafio e seja grata por cada aprendizado.

Se eu consegui superar os meus traumas emocionais e me tornar uma mulher de sucesso e feliz, você também pode. Tudo é possível quando você muda a sua mentalidade e se abre para aprender com cada desafio. Não importa o que fizeram com você. Você pode.

Pense na flor de lotus, sua imagem universal destaca pureza, espiritualidade e renascimento. Ela cresce em meio à lama, e mesmo com essas condições adversas, ela é capaz de desabrochar lindamente, mostrando sua forte capacidade de superar as dificuldades e alcançar a pureza. Ela nos lembra da beleza que pode emergir das adversidades e da importância de se esforçar em direção à luz, independentemente das circunstâncias.

Apesar de tudo que você já sofreu, você é capaz. Os resultados que você não tem, são apenas consequência de um conhecimento que você ainda não tem. A cada prova que surgir, se pergunte: o que devo aprender com isso?

Referência

AS 80 MELHORES frases de Henry Ford. **Maestrovirtuale.com**, [*s.l.*], [*s.d.*]. Disponível em: https://maestrovirtuale.com/as-80-melhores-frases-de-henry-ford/. Acesso em: 3 set. 2024.

"Nenhuma pessoa esperta pode ganhar de uma pessoa desperta."

Marie Bèndelac

Meire Aguiar

Sou Meire Aguiar, resido em Carapicuíba/SP, com os maiores apoiadores e incentivadores que alguém pode ter: meu esposo Renato e minha filha Bianca. Sempre sonhei em ter uma família e dizia a todos que me casaria aos 20 anos, o que realmente aconteceu. Escolhi me casar e ser mãe antes de me especializar na área de Recursos Humanos.

Fui para a faculdade quando minha filha tinha cinco anos, na sequência, fiz pós-graduação em Gestão de Pessoas e especializei-me em Treinamento e Desenvolvimento, *Coaching*, Comunicação e Oratória. Confesso que essa jornada foi desafiadora, no entanto, com a ajuda e direcionamento de Deus e, principalmente o apoio, suporte e amor incondicional da minha família, descobri que ensinar, servir e apoiar as pessoas é a minha vocação.

meireaguiarassessoria

+55 (11) 91336-6812

24

O DESPERTAR DA VOZ MUDOU O RUMO DA HISTÓRIA

Por Meire Aguiar

Filha de cariocas, a caçula de três irmãs, sendo a única nascida e criada em São Paulo. As memórias que trago da infância são dos passeios em família, festas em casa e vizinhança amigável, em que uns ajudavam os outros. As brincadeiras de que eu mais gostava eram escolinha, para ser a professora, e escritório, sendo a secretária dos donos. Essas brincadeiras permitiam-me ensinar, servir e apoiar a todos que estavam à minha volta. Lembro-me de que passava horas e horas brincando com minhas amigas da época, sem ao menos imaginar em qual área trabalharia no futuro.

Minha mãe sempre trabalhou fora, portanto, eu e minhas irmãs dividíamos as tarefas de casa, para que quando ela chegasse a casa estivesse em ordem. Esse modelo regrado de criação contribuiu muito para o meu crescimento, aprendi desde cedo a respeitar os mais velhos, as autoridades constituídas sobre mim, seja minha irmã mais velha, que cuidava de mim na ausência da minha mãe, ou tios, avós e professores. Fui ensinada que criança não deveria se intrometer nas conversas dos adultos e quando eles iam conversar, nos levavam para outro ambiente da casa para nem ouvirmos o que falavam.

Passamos por momentos desafiadores, no entanto, nossos pais sempre lutaram para que nada nos faltasse, nos ensinando que nem sempre as coisas que queremos chegam no momento em que as pedimos, na maioria das vezes, é necessário esperar. Eles nos criaram para a vida, para sermos fortes, persistentes e resilientes, ensinaram-nos o valor do trabalho e do respeito à hierarquia.

Esse modelo de criação fez-me crescer acreditando que eu deveria somente obedecer às ordens recebidas, sem questionar ou, ao menos emitir uma opinião, para que não gerasse conflitos e rejeição, era como se ao concordar com a situação, estivesse agradando.

Anos se passaram, cresci, comecei a trabalhar com vendas, conheci meu esposo, me casei, tempos depois migrei para área administrativa e me descobri na área de Recursos Humanos. Tive minha filha e, somente quando ela tinha cinco anos, fui para a faculdade. Eu me apaixonei pela sala de aula e fiz uma formação após a outra, muitas que me desafiaram a falar sobre mim, sobre as minhas dores, entretanto, desviava-me dessas questões e mergulhava ainda mais fundo em outras matérias.

Como aprendi a respeitar sem questionar, apenas replicava esse comportamento, porém, com o passar do tempo, comecei a perceber o quanto a ausência da minha voz me feria. Era muito difícil diante de situações contrárias ao que concordava ou acreditava, eu conseguir me manifestar contra, expondo meu ponto de vista e opinião. Desde coisas simples, como escolher uma comida, um restaurante ou um lugar para passear, até as coisas mais difíceis, como me sujeitar a exercer uma atividade que não fazia parte do meu escopo de trabalho, somente para não desagradar aos meus superiores. A junção da busca desenfreada por sempre agradar os outros e o desconhecimento de quem eu era fez--me procurar um perfeccionismo e excelência em tudo o que eu fazia, sufocando o grito angustiante dentro de mim.

Diante das situações contrárias, em que minha voz engasgada era abafada pelas crenças de outrora, a única resposta que saía dos meus lábios era **"tudo bem!"**, mesmo estando totalmente destruída por dentro. Percebi, com o passar do tempo, que a anulação e a necessidade de agradar e sempre fazer a vontade dos outros causava tamanha dor ao ponto de dilacerar a alma. Foi então que decidi buscar ajuda por meio do autoconhecimento. Fui me abrindo aos poucos, para que, assim como me dediquei a aprender sobre tantas coisas, eu me aprofundasse para descobrir quem eu era na essência.

Lembro-me de que a primeira atividade que me foi delegada foi fazer alguma coisa para mim. Podem acreditar, eu fiquei em choque. Como sempre fazia tudo para todos, quando chegou a vez de fazer algo por mim, não tinha a mínima ideia do que fazer. Confesso que, a partir desse dia, descobri como é importante e indispensável esses momentos a sós conosco, fazendo coisas que apreciamos, nunca mais voltei atrás. Realmente, a busca pelo autoconhecimento de início é algo assustador, angustiante e confrontador, no entanto, acima de tudo isso, revelador, e com toda certeza é um caminho sem volta.

Agradeço sempre a Deus por ter me presenteado com um esposo excepcional, amoroso, amigo, intercessor, conselheiro, incentivador, impulsionador e companheiro de todas as horas. Assim como todas as outras coisas boas em minha vida, ele, ao perceber tamanho desespero e profunda tristeza que me assolavam, foi quem me incentivou a procurar ajuda. Aos poucos, fui me descobrindo, percorrendo em meu interior e dando lugar à minha verdadeira essência. Considero que (re)aprendi a falar, minha voz outrora encoberta por densas camadas de pavor do conflito, do desagradar ao outro, podendo com isso ser rejeitada e, da crença que minha opinião não era importante, aos poucos foi ganhando volume e intensidade.

No início, toda essa transformação causou um enorme impacto em mim, meses foram se passando e o maior desafio foi encontrar um equilíbrio, para não deixar de falar, no entanto, saber como falar, afinal, sair da posição daquela que concordava com tudo, que sempre agradava e buscava o bem-estar de todos menos o seu, para aquela que questiona, que diz o que gosta ou não gosta, que escolhe os lugares e as comidas que deseja comer e, principalmente impõe limites a todos que estão à sua volta, é uma drástica mudança. Geralmente, toda mudança é turbulenta, de difícil adaptação e que reflete em todos, foi essa metamorfose que aconteceu em minha vida.

Pessoas do meu convívio começaram a perceber a diferença na postura, na forma de dialogar, na maneira de me relacionar e, consequentemente, aqueles que me tinham ao lado somente por conveniência começaram a se afastar, lugares que eu frequentava e aos quais pertencia, projetados para pessoas sem voz, começaram a me incomodar, ao ponto de enxergar que essas gaiolas não eram mais para mim, esse era o momento de criar asas e voar.

Com o passar do tempo, a coragem de expor minhas ideias e opiniões foi se apoderando do meu ser, dando-me cada dia mais prazer, alegria, leveza e tranquilidade para ser quem eu sou, sem medos ou reservas. Sei bem que tenho muitas limitações e pontos de melhoria, no entanto, hoje, quero estar ao lado de pessoas que me aceitem e me permitam ser quem eu sou, isso é libertador.

Aprendi a me amar, me respeitar e me valorizar, eu me desfiz da máscara do sorriso no rosto por fora e pranto e dor por dentro, para me apresentar ao mundo com a face limpa e a voz segura de quem verdadeiramente descobriu quem é.

Somente Deus faz isso! Ele tem os seus caminhos e prepara as pessoas certas para estarem ao nosso lado, nos impulsionando a sermos cada dia melhores. Cabe a nós buscarmos sempre a Sua vontade e direção, pois, somente Ele, que é onipotente, onipresente e onisciente, sabe o que é melhor para nós.

A descoberta da minha verdadeira identidade me tirou do vitimismo e me fez assumir o papel de protagonista da minha história, a partir de então, tudo começou a mudar. Ao renunciar os lugares que limitavam meu crescimento, decidi alçar novos voos e viver o sonho que havia dentro do meu coração, impactar e contribuir com o crescimento e desenvolvimento das pessoas a minha volta.

Percebi que todo conhecimento adquirido por meio dos estudos, formações, especializações e vivências na área de gestão de pessoas, me possibilitava ter a minha própria consultoria. Sendo assim, em junho de 2023 nascia a Meire Aguiar Assessoria Empresarial em Recursos Humanos.

Desde então, muitos têm sido os desafios, no entanto, com a ajuda de Deus tenho vivido milagres extraordinários. A Bíblia, na versão ACF (Almeida Corrigida Fiel), fala-nos em Provérbios, capítulo 22, versículo 1: "Vale mais ter um bom nome do que muitas riquezas; e o ser estimado é melhor do que a riqueza e o ouro". Esse versículo revela a importância do testemunho, do nosso comportamento e tratamento que damos às pessoas, independentemente da posição que elas ocupam. Quando pensamos na voz e no poder que ela tem, não podemos esquecer que devemos usá-la com sabedoria e prudência. O objetivo de expor nossos pensamentos e ideias não deve ser para ferir ou magoar, mas sim compartilhar por meio da nossa voz, e com empatia, o que estamos sentindo. Costumo dizer que antes de falarmos qualquer coisa, devemos pensar se gostaríamos de ouvir aquilo que estamos prestes a falar, se sim, podemos falar sem medo, se não, refaçamos o discurso antes de proferi-lo.

Acredito que os muitos anos de silêncio e anulação me ensinaram e me ensinam diariamente a ponderar o impacto que uma palavra mal colocada pode causar na vida do outro. Esse meu comportamento para com todos me tem feito ir muito mais além do que poderia imaginar.

Da experiência das brincadeiras da infância, que aprendi a ensinar, servir e apoiar, nasceu em outubro de 2023 meu curso **Oratória da essência**, que tem como principal objetivo ajudar a todos os alunos a descobrirem o poder da sua voz, seja para se comunicarem com seus familiares, amigos e colegas de trabalho, ou, até mesmo, para fazerem grandes apresentações em público.

Carrego comigo a seguinte premissa: todo conhecimento, quando compartilhado, se expande, inspira e promove transformação! Tenho vivido isso a cada dia, vendo o avanço e o desenvolvimento na vida de cada um dos meus alunos, que muitos, assim como eu, tiveram em algum momento de suas vidas suas vozes abafadas.

Essa transformação só é possível quando abrimos verdadeiramente nosso coração, nos despimos do medo, da vergonha e das crenças limitantes e decidimos mudar. A escolha é nossa e está em nossas mãos. Ou nos posicionamos e vamos em busca dos nossos objetivos, ou passaremos anos das nossas vidas reclamando das dificuldades.

A ressignificação da dor, independentemente de qual for, está disponível a todos aqueles que decidem avançar rumo a uma nova história. Não se cale, perdoe-se, abra-se para o novo, coloque-se em pé e declare em alto e bom som que em Deus tudo é possível!

"Todo conhecimento, quando compartilhado, se expande, inspira e promove transformação!"

Meire Aguiar

Paula Pires André

Sou Paula Pires André, natural de Mariana/MG, cresci em Ouro Preto/MG, onde passei grande parte da minha vida.

Sou mentora de carreira, *master coach*, nesse trabalho apoio mulheres a se movimentarem em suas vidas e carreiras, para que tenham cada vez mais autonomia e empoderamento para se levantarem da mesa quando sentirem que esse não é mais seu lugar.

Também tenho dezessete anos de experiência em ambiente corporativo, carreira desenvolvida em multinacional de grande porte, com habilidade para desenvolvimento de equipes de alta performance, com foco em resultados e planejamento estratégico.

Minha trajetória é marcada por determinação, superação e inquietação que me fez buscar por autoconhecimento.

paulapiressa

+55 (21) 99994-9505

Paula Pires André

paulapirescoach@outlook.com

LEOAS

25 A FORÇA DO EMPODERAMENTO E DO AUTOCONHECIMENTO

Por Paula Pires André

Sempre gostei de estudar, estar conectada com outras pessoas e aprender com elas. Desde criança, sabia a vida que queria, eu me lembro de um dia meu pai me perguntar: o que você quer ser quando crescer? E eu logo respondi, ser independente, morar sozinha e ter meu dinheiro. Por mais que eu gostasse de estar na companhia de outras pessoas, sempre gostei do meu espaço, do meu momento, da minha individualidade. Pois eram nessas situações que eu sonhava, imaginava, desejava e conversava com Deus à minha maneira, pois sempre fomos grandes amigos.

Fui educada pelos meus pais para ser o que eu quisesse, nunca ouvi deles que não poderia entrar em alguns lugares ou até mesmo ter uma determinada carreira por causa da cor da minha pele, sempre me incentivaram a buscar o meu melhor. Meu pai (Jorge) foi meu primeiro *coach*, sempre me estimulou e incentivou a buscar meu crescimento profissional. Em nossos momentos de conversas, dizia-me para nunca depender financeiramente de um homem, que eu iria me apaixonar algumas vezes na vida, mas seria importante essa independência, para que eu pudesse ter escolha e me retirar quando uma relação não fosse boa para mim. E assim segui empoderada, focada e determinada a construir essa carreira. Porém, na minha época de vestibular, há vinte anos, o cenário era outro, as faculdades particulares eram muito caras e não eram uma opção para mim e só me restavam as duas instituições federais da minha cidade, pois não tinha condições de ir estudar fora.

Foi um período bem desafiador, onde precisei manter o foco para não ficar me comparando e assim perder tempo. Os cursinhos pré-vestibulares eram muito caros também, foi quando, usei minha determinação para buscar o que eu almejava. Um cursinho novo e conceituado tinha acabado de chegar a Ouro Preto, foi quando decidi procurar a direção do curso, para oferecer serviços de faxina em troca das aulas. O diretor do cursinho ficou impressionado com minha motivação e aceitou. Assim, eu chegava mais cedo, fazia a faxina nas salas e depois seguia para as aulas, que eram até as 23h, todos os dias, de segunda à sexta.

Foi um período de frustrações, ansiedade, comparações e muita pressão interna, pois tinha muito medo de não conseguir uma carreira valorosa e, consequentemente, ser independente. Quando faço esse exercício de olhar para minha trajetória, de relembrar esses momentos, o principal sentimento que percebo é gratidão, pois tenho uma ancestralidade muito forte, que sempre esteve comigo, por meio da minha mãe (Eva), minha avó materna (Mariazinha) e meu pai (Jorge). Observar o caminho e os desafios dessas pessoas durante boa parte da minha vida empoderou-me, eu sabia que o sangue que corre nas minhas veias tem força, coragem, determinação, paixão e muito amor. E exatamente por isso consegui entrar em uma instituição federal e ser a primeira pessoa da minha família a conseguir acessar um curso superior.

Comecei a cursar Gestão da Qualidade no IFMG (*campus* de Ouro Preto), meu coração era só alegria, as possibilidades abriam-se e com elas os medos que logo fui aprendendo, fazem parte da existência humana. Passado esse período de euforia inicial, entrei de cabeça no curso, até chegar o período de estagiar, daí outro sonho se aproximava, o de entrar em uma grande empresa. Sonho esse que não era apenas meu, eram do meu pai e da minha mãe também. Assim participei do processo seletivo para uma vaga de estágio na área de Qualidade da Vale, na época CVRD, segui em todo o processo até a fase final, mas não fui selecionada.

Nesse momento, frustração de novo, medo, ansiedade, foi quando uma das analistas de RH que conduziram o processo seletivo fez contato comigo e disse ter gostado muito do meu perfil e perguntou se eu aceitaria cobrir por trinta dias uma vaga no RH, pois uma pessoa sairia de licença. Aceitei e pensei o seguinte: "Bem, tenho trinta dias para conseguir uma oportunidade em outra área e conseguir ficar na CVRD". Lembram que comentei que eu e Deus sempre fomos muito amigos e conversávamos muito? Pois é, como sempre Ele cuida de tudo e de cada detalhe, e colocou anjos no meu caminho, e assim com a ajuda da mesma Analista de RH que me convidou a ficar por trinta dias no RH, me ajudou a encontrar uma área que buscava uma estagiária em Qualidade e, assim, comecei minha trajetória em uma grande multinacional.

Nessa trajetória, aprendi a importância da dedicação, do aprendizado contínuo, da gratidão, de não ter medo de perguntar, pois tudo isso me fortaleceu em todo meu caminho. Não imaginava que ali seria o início de uma parceira que iria durar dezessete anos, em que trilhei cada degrau com alegria, paixão, curiosidade, valorizei cada momento, cada desafio, pois conseguia perceber dia após dia o quanto crescia como profissional e mulher.

Um dos momentos mais marcantes nessa jornada aconteceu em 2015, quando conheci um líder inspirador, ele conseguiu me enxergar antes de mim, fazia-me perguntas poderosas, que me faziam refletir sobre minhas escolhas, sobre a vida que eu queria. Ele confiou em mim, mostrou-me com exemplos diários o quanto uma pessoa pode fazer diferença na vida de outra, e assim me acompanhou em uma nova jornada que eu começara naquele ano, assumindo a gestão de um projeto novo, em uma área totalmente nova, em outra cidade, onde eu precisaria mostrar que podia, que era capaz.

Lembro-me dessa época com muito carinho, pois foi um divisor de águas, passei a me olhar diferente, minha autoestima mudou, entendi que era capaz de fazer o que eu quisesse, desde que me dedicasse, e claro, com as pessoas inspiradoras por perto, pois não fazemos nada sozinhos. Trabalhei com esse líder por apenas um ano e meio, mas foi o bastante para não mais duvidar de mim e ter o empoderamento e a coragem necessários para buscar ser uma líder tão inspiradora como ele foi para mim e para tantos.

A partir desse momento, que foi um divisor de águas, assumi desafios maiores, ganhei mais autoconfiança e com tudo isso consegui me tornar referência na área de Gestão de Transportes nos Complexos Centrais e Mariana, na Vale. Após um ano e meio retornei à Mariana/MG, onde assumi a gestão de Transportes Leves e Coletivos de todo o complexo, atendendo cerca de quatro mil pessoas, sendo empregados próprios e terceirizados. Essa experiência foi muito importante, pois lidava com perfis de clientes desde o setor operacional até a alta liderança, os desafios eram grandes e diários, tirando-me da zona de conforto e fazendo-me desenvolver *soft skills* como inteligência emocional, análise e solução de problemas e pensamento crítico.

Graças a todo esse aprendizado, consegui, com o apoio de uma equipe multidisciplinar, conduzir um período desafiador que foi a greve dos motoristas de ônibus coletivos no Complexo Mariana, interferindo diretamente no andamento das operações como um todo, pois a maior parte do efetivo utilizava esses ônibus para chegar ao trabalho. A greve durou cerca de 21 dias e com o apoio das áreas de Suprimentos, jurídico, operação, RH, gestão de crise, conseguimos superar os desafios que mudavam diariamente.

Passar por momentos assim mantendo a calma, respeitando as diferenças de opiniões, foi possível graças a minha busca por autoconhecimento alguns anos antes, em 2018. Nesse processo, passei a questionar meu estilo de vida, minhas escolhas e ao mesmo tempo me entender e me acolher. Foi um início de cura para tantos ruídos e dores internos, foi também momento de descobrir outra carreira, de *master coach* e mentora.

O autoconhecimento preparou-me para enfrentar meu maior medo, que se concretizou em novembro de 2020, com a morte da minha mãe. Por mais doloroso que tenha sido e é até hoje, eu me conhecer me ajudou e ajuda a ultrapassar os desafios com mais leveza e sabedoria.

Como eu disse anteriormente, trilhar os degraus na Vale, com humildade, respeito, dedicação, desde a época de estágio, me levaram a conquistar uma cadeira de liderança no final de 2022, como coordenadora de Transporte e Alimentação, no Rio de Janeiro. Mais uma vez, saí da minha zona de conforto, era um momento importante pois já estava um pouco desmotivada profissionalmente e inquieta com minha vida pessoal. Fui para outro estado, com novos desafios, foi então que finalmente comecei a entender que aquela não era a vida que buscava. Sentia-me muito sozinha na cadeira de líder, pois era a única mulher negra e não tinha com quem trocar as angústias e situações diárias. Até então não tinha me dado conta de que o racismo poderia ser tão presente, como era, vivia com medo de errar, não percebia segurança psicológica para falar e como sempre fui muito determinada, busquei cadeia de ajuda: mentoria, terapia e rodas de conversas fora da empresa com líderes negras, para entender melhor tudo que estava acontecendo. Em meio a todo esse processo, meu corpo começou a dar sinais, tive refluxo e insônia, pois precisava ter atitudes tanto na vida profissional como na pessoal.

O autoconhecimento empoderava-me a entender cada vez mais que eu não estava no caminho em que acreditava, que não estava feliz com a minha vida, que precisava buscar a coerência para não adoecer. Assim, não estou mais líder, não estou mais na Vale, empresa em que estive por dezessete anos, onde cresci como mulher e profissional. Trilho hoje o caminho pelo qual estive me preparando desde 2018, apoiar mulheres a se movimentarem quantas vezes julgarem necessárias em suas vidas e carreiras, por meio do autoconhecimento e empoderamento, com mentorias, palestras, rodas de conversas, sessões únicas.

Estou mais feliz, o refluxo diminuiu, a insônia também, pois tenho a sabedoria de entender que posso ter quantas carreiras eu quiser e buscar, que posso me movimentar sempre que algo não fizer sentido, que posso sempre me conectar com aquela menina que conversava com o pai sobre ser independente. Que cresceu ouvindo do pai a importância dessa independência, que na verdade é a liberdade para uma vida plena, sem correntes, com escolhas, com leveza. Mais que uma cadeira de líder, liderar a si mesmo, esse é o caminho para uma vida plena.

"Que cada vez mais mulheres negras possam se movimentar em suas vidas e carreiras, a fim de encontrar seu espaço de poder e fala!"

Paula Pires André

Priscilla Vieira

Eu sou Priscilla Vieira, filha do Deus altíssimo e criador de todas as coisas, resido em Natal/RN, uma mulher que prova da bondade de Deus todos os dias. Sou mãe de Marcos Augusto e esposa de Uanderson Lucas, aos quais dou minha vida e vivo dias plenos de amor, alegria e emoção ao lado deles.

Com milhares de horas em atendimentos individuais, treinamentos para lideranças, palestras e como uma mulher que já recomeçou muitas vezes e rompeu padrões mentais negativos, ajudo mulheres a romperem com suas crenças limitantes e a criarem um novo cenário de vida, construído com uma nova mentalidade e padrões mentais positivos. Sou responsável por toda a mudança na minha própria vida e tenho como principal objetivo ajudar também milhares de pessoas a transformarem suas vidas.

priscillavieiracoach

+55 (84) 99872-7559

Priscilla Vieira

priscillavieiracoach@gmail.com

LEOAS

26

ROMPER PADRÕES NEGATIVOS E CRIAR UM NOVO CENÁRIO

Por Priscilla Vieira

Eu cresci sendo chamada de medrosa e insegura, meus colegas de escola colocavam milhares de apelidos em mim por eu ser magra demais, não tinha uma estrutura familiar segura e constantemente vi meus pais brigarem por anos na minha frente e na frente dos meus irmãos, nossa situação financeira não era boa e coisas básicas nos faltavam. Eu poderia contar mais detalhes de coisas ruins que eu vivi e ser uma vítima que não poderia jamais ter uma vida plena e feliz. Meus padrões negativos eram muitos e eles foram colocados em mim desde muito pequena e eu poderia viver o resto da minha vida sendo medrosa, insegura e me sentindo totalmente incapaz de realizar, diante de tudo que eu experimentei ao longo de alguns anos da minha existência e formação como pessoa.

Dr. Joseph Murphy fala em seu livro *O poder do subconsciente* que "a crença é um pensamento na nossa mente que faz com que o poder do subconsciente seja distribuído em todos os aspectos da nossa vida, de acordo com nossos hábitos mentais". E fala ainda que "é tolice acreditarmos em algo que nos machuque ou prejudique porque não é a coisa que nos machuca ou prejudica e sim a crença ou pensamento na mente que produz o resultado". Portanto, eu não poderia criar um resultado ruim na minha própria vida diante de acontecimentos ruins que existiram pelo fato de eu ter aprendido a romper com todos os padrões negativos adquiridos ao longo dos meus anos iniciais de vida.

Quantas vezes você se viu vivenciando as mesmas experiências? O quanto se feriu e deixou pessoas lhe ferirem por ter padrões mentais negativos que lhe puxavam para baixo? Esses padrões negativos são suas crenças limitantes, que nada mais são que todas as coisas que você acredita serem verdades, consciente ou inconscientemente e elas a levam a viver um círculo sem fim de experiências negativas em todas as áreas da sua vida.

Quando estamos conduzindo nossas vidas com a direção das nossas crenças limitantes sobre nós, dinheiro, relacionamento, tudo vai muito mal e não conseguimos sair até que sejam rompidas. Louise Hay diz, em seu livro *Você pode curar sua vida* (2022), que "Seja o que for em que acredito, torna-se verdade para mim". Então, imagine você acreditando que é uma pessoa ruim, que não serve para nada, que não é capaz de realizar, que não consegue fazer nada novo, que é uma pessoa feia e inferior, e seus dias são ruins porque você não merece viver dias bons, por ser tudo isso de ruim que você acredita. As crenças limitantes sobre você refletem uma autoimagem desajustada e se tudo que você acredita sobre você é ruim, como vai conseguir atingir o extraordinário na sua vida? Como você vai viver a plenitude, se as crenças limitantes que carrega sobre si mesma nunca irão permitir que coisas boas lhe aconteçam? O amor-próprio, a autoestima, a autoconfiança que carrega os dois, são essenciais para que possamos ter uma autoimagem fortalecida e se eu não me permito me olhar com amor e consequentemente me cuidar, não será possível ter essa autoimagem.

Perceba que eu cresci com muitos rótulos, vozes diziam-me muitas coisas negativas, fui levada a acreditar em tudo que me falavam e durante um tempo eu até acreditei e duvidava do meu potencial e das coisas que eu poderia realizar. E será que isso permaneceu dentro de mim? A menina fraca, insegura e medrosa sempre vinha à tona quando eu estava diante de um desafio e me sentir inferior se repetia em determinadas situações.

Eu quero lhe dizer que eu não acreditei nas vozes de pessoas que, por muitas e muitas vezes insistiam em me tornar pequena. Espere aí, vou repetir: eu não acreditei nas vozes contrárias àquelas que o meu Pai e Criador já havia me dito antes de eu vir a esse mundo, porque Ele disse: "Porque eu bem sei os pensamentos que penso de vós, diz o Senhor, pensamentos de paz e não de mal, para vos dar o fim que esperais" (Jeremias 29:11). Você está comigo aqui? Olhe isso! Se o meu Criador teve desde o início bons pensamentos ao meu respeito, por que eu teria pensamentos contrários sobre mim mesma? Eu a convido a buscar os pensamentos que você tem tido sobre você! Quais são? Não se fixe nas pessoas que jogavam palavras negativas sobre a sua vida e sobre quem você é, apenas modifique os pensamentos sobre si. Encontre o caminho de fortalecimento da sua autoimagem, rompendo com todos os padrões negativos que até aqui acreditou que eram verdades absolutas.

A escassez que muitos de nós somos condicionados a viver, por ciclos repetitivos de nossos antepassados e padrões negativos presenciados e aprendidos por nós, revela-nos que as crenças limitantes sobre o dinheiro nos machucam e não nos permitem viver a abundância não só material mas de coisas boas, sentimentos bons e plenitude. Esther e Jerry Hicks, autores de *Peça e será atendido*, explicam em um dos seus livros que em muitos momentos vivemos situações indesejadas e que a percepção de que a sua situação não está como você gostaria não pode lhe deixar só no problema e sim em buscar a solução. No livro *Dinheiro atrai dinheiro* (2023), eles enfatizam que devemos focar nos nossos objetivos para alcançá-los e não na falta deles. Quantas vezes fixamos nossos pensamentos na falta? Falta de dinheiro, falta de amor, falta de saúde, falta de tantas coisas que num processo repetitivo, sem compreender o que você está vivendo, se repetem situações cada vez mais escassas. Da mesma maneira, a falta de um relacionamento amoroso lhe traz um sentimento de incapacidade, não merecimento e tantas outras crenças limitantes que se aglomeram dentro de você, ao ponto de bloquear todo e qualquer fluxo de prosperidade em todas as áreas da sua vida.

Olhando para as maneiras de ultrapassar as vozes que nos limitam e a romper com os padrões mentais negativos, preciso lhe dizer que eu encontrei a maneira de me olhar com compaixão, amor e zelo a tal ponto que eu me permiti viver todas as áreas da minha vida muito bem. Aprendi a romper crenças limitantes com um método criado por mim mesma e que eu aplico nas minhas mentorias, que me leva todos os dias a olhar para os pontos negativos dos meus pensamentos – e não é como um passe de mágica que criamos padrões mentais positivos, eles exigem de nós uma primeira coisa que é acreditar. Exatamente, acreditar, e se você não consegue acreditar em si mesma e não enfrenta todos os dias os desafios que surgem e as vozes que gritam contrárias ao seu crescimento, vai ficar no mesmo lugar de sempre.

É preciso começar a falar para si mesma novas crenças fortalecedoras e acreditar que elas são agora a sua direção para atingir o seu cenário de vida ideal, com uma nova perspectiva, e confiando que você cria a sua realidade, traz à memória suas conquistas até aqui, controla os seus pensamentos, visualiza tudo que quer viver, desafia-se e pode alcançar os seus objetivos sendo a pessoa que deseja ser e tendo tudo aquilo que você deseja ter.

A melhor maneira de chegar aonde desejamos é romper com nossas crenças limitantes e dar espaço a novas formas de pensar e agir. Se você ainda duvida de si, não consegue aceitar viver algo novo, tem muitos medos e inseguranças, eu a convido a escrever o seu cenário ideal de vida. Numa folha, escreva em letras maiúsculas "CENÁRIO IDEAL DE VIDA" e comece a sua viagem mais linda que é montar esse cenário ideal escrito em todas as áreas da sua vida, que são: autoimagem, relacionamento, financeiro, carreira, saúde, espiritualidade.

Comece a "subir sua régua" e não pense com seus padrões negativos, não escreva pensando na falta que existe hoje na sua vida e sim trazendo um nível mais alto de vida plena e abundante, escolhendo viver como se tudo fosse possível, e eu posso afirmar a você: **é possível**! Eu sou prova viva disso, passei por um divórcio com meu filho pequeno, com dois aninhos, estava desempregada e me reergui de tal maneira que hoje sou casada com o amor da minha vida e vivemos um relacionamento surreal; consegui ter controle financeiro, aprendi como lidar com o dinheiro, consegui entender as inúmeras doenças que surgiam em mim, como: asma, alergias, dores de cabeça. Eu posso lhe dizer que é possível ser saudável, equilibrada e feliz.

E, se tudo que você leu aqui neste capítulo a tocou a romper crenças limitantes e recomeçar, se olhar com compaixão e amor, se perdoar, se cuidar, a minha missão neste livro foi cumprida. O que eu desejo é que você acredite e não deixe que acontecimentos ruins, ao longo da sua jornada, a impeçam de atingir o melhor cenário para sua vida, aquele desejado e criado por você. Não o que as pessoas querem para você, mas aquilo que você deseja, que grita aí dentro, e por seus padrões mentais negativos existirem, lhe impediam de almejar e vislumbrar coisas boas. Você é grande e não se faça pequena para caber onde não é o seu lugar, se veja grande e os seus desafios serão minúsculos na sua frente, seja capaz de ter clareza de tudo que deseja viver em detalhes e escreva com a maior emoção da sua vida como se já fosse real.

"Como assim, 'se podes'? Tudo é possível para quem crê." (Marcos 9:23).

O poder está em acreditar que tudo vai acontecer da maneira que você projeta dentro de você e não hesite em querer o melhor cenário de vida, você merece e precisa dormir e acordar com a consciência de viver tudo que deseja, com muito amor-próprio, autoestima, alegria, entusiasmo e fé.

A Deus Todo-Poderoso o meu agradecimento, que até aqui me sustenta e me guia; ao meu filho Marcos Augusto, a luz da minha vida; ao meu grande amor e esposo Uanderson Lucas, que faz tudo por mim e eu por ele; aos meus pais que eu honro e agradeço por toda a minha existência e aos meus irmãos que eu amo; a todas as minhas amigas que compartilham comigo a vida, dores e alegrias; aos meus familiares, por quem eu tenho orgulho de dizer que tenho uma grande família abençoada, por meio dos meus avós Isabel e Valdemar (*in memoriam*) e Raimundo e Davina, com o maior amor e zelo. Continuo a minha jornada ajudando cada pessoa que chega até mim, a romper crenças limitantes e a criar um novo e ideal cenário de vida, acreditando que tudo é possível ao que crê.

Referências

HAY, L. L. **Você pode curar sua vida**. 135. ed. Rio de Janeiro: Best Seller, 2022.

HICKS, E.; HICKS, J. **Dinheiro atrai dinheiro**. 10. ed. Rio de Janeiro: Best Seller, 2023.

MURPHY, J. **O poder do subconsciente**. 114. ed. Rio de Janeiro: Best Seller, 2023.

"O poder está em acreditar que tudo vai acontecer da maneira que você projetar dentro de você. Não hesite em querer o melhor cenário de vida."

Priscilla Vieira

Créditos: Daniel Barros Fotografia.

Regiane Bergamin

Sou Regiane Bergamin, natural de Mogi Guaçu/SP e resido em Campinas/SP.

Sou terapeuta holística, mentora de carreiras e facilitadora de *workshops* do método Louise Hay. Além disso, tive uma carreira sólida na área contábil por 22 anos, com especialização em consolidação contábil. Durante essa trajetória, passei aproximadamente dez anos em cargos de liderança, onde descobri minha verdadeira paixão: ajudar pessoas em seu processo de autoconhecimento e desenvolvimento pessoal.

Meu desejo por autoconhecimento e expansão de consciência levou-me a explorar novos caminhos e vislumbrar uma nova carreira, que culminou em uma emocionante transição de carreira em novembro de 2023. Desde então, minha jornada tem sido fascinante e profunda, repleta de aventuras, novos aprendizados e um amor crescente por essa nova trajetória.

eusouregianebergamin

+55 (19) 99888-3534

Regiane Bergamin

LEOAS

27 O AMOR-PRÓPRIO É SEMPRE A CHAVE DA TRANSFORMAÇÃO

Por Regiane Bergamin

Já lhe perguntaram o que você queria ser quando crescesse? Refletindo sobre essa pergunta, percebi que quis ser tanta coisa! Quis ser astrônoma, porque adorava explorar o céu noturno com meu pai; arqueóloga, pelos mistérios do Egito nos livros da minha irmã; e cantora, por ouvir minha mãe cantar enquanto arrumava a casa. Acabei não seguindo nenhuma dessas profissões.

Nascida no interior de São Paulo, numa época em que poucas pessoas faziam faculdade, optei por uma profissão que acreditava me manter empregada e cuja faculdade não era muito cara. Escolhi estudar contabilidade e me dedicar ao curso de inglês, pois acreditava que era muito importante saber outro idioma.

Logo descobri que minhas escolhas tinham sido acertadas, pois poucos contadores falavam inglês, e por anos isso me trouxe um diferencial no mercado de trabalho. Esse diferencial também me levou a empregos cada vez mais longe de casa, o que me fez mudar de Mogi Guaçu para Campinas/SP, em 2009.

Tive uma carreira próspera na contabilidade, mas constantemente sentia que faltava algo. Eu trabalhava muito, estava sempre cansada, sempre doente e, na maioria das vezes, priorizava o trabalho ao meu bem-estar. Usar a palavra "*workaholic*", na época, era praticamente um elogio, e eu ainda não tinha consciência do quanto meu corpo e mente sofriam enquanto eu desbravava as aventuras do mundo corporativo.

Demorou anos para perceber que a vida que eu levava, e aceitava como normal, era algo que eu mesma tinha criado.

Da mesma maneira que eu criava trabalhos que me esgotavam, meu corpo, como excelente professor que é, tentava me avisar constantemente que eu estava seguindo um padrão pesado. Alguns dos avisos refletiram-se em questões de saúde: lesões nos joelhos, cauterização uterina, fibromialgia, outra cauterização uterina e, finalmente, uma conização no colo do útero.

Em meados de 2020, comecei um profundo processo de autoconhecimento. Conforme fui progredindo e desvendando os mistérios que criavam aquela vida de dor e cansaço, percebi que a resposta estava no meu sistema de crenças, que moldava minha forma de pensar e de ver o mundo. No decorrer dessa jornada, meus olhos começaram a vislumbrar uma outra carreira, uma carreira diferente em que eu pudesse ter uma vida mais leve, equilibrada e, principalmente, que se casasse com essa vontade de me conhecer melhor, de curar meus padrões e ajudar pessoas a traçarem o mesmo caminho.

Como muitas pessoas que têm o sonho de fazer uma transição de carreira, resolvi começar a me preparar, mas ainda sem plano e sem data para a transição. Fiz diversos cursos, mas nunca me sentia pronta. Enquanto continuava com a terapia e com os meus processos de autoconhecimento, eu aprofundava o que emergia, usando as dificuldades como professoras. Algumas lições foram fáceis, outras nem tanto. Inclusive, alguns ciclos se repetiram para reforçar as lições.

Em algum momento nessa jornada, um nome me foi falado: Louise Hay, mas na época meu coração não estava pronto para saber mais. Em meados de 2023, o nome Louise Hay foi-me apresentado novamente, e desta vez meu coração ficou quentinho e curioso. Comprei alguns de seus livros, mas ainda tinha muita resistência em lê-los e me dedicar aos exercícios. Precisava de ajuda, e pesquisando, encontrei um curso de 21 dias que era uma bela imersão em todas as áreas da vida.

Para minha surpresa, mesmo com resistência, e às vezes dando espaço de um dia ou dois entre os módulos, tudo começou a mudar ao meu redor. Isso aconteceu porque quando voltei o olhar para dentro de uma maneira muito profunda, comecei a me ver de maneira diferente.

Como consequência dessa jornada, minha transição de carreira ganhou força e eu saí da empresa em que trabalhava um ano mais cedo do que imaginava.

Depois da experiência dos 21 dias, inscrevi-me na formação para ser facilitadora do método da Louise Hay, pois já acreditava em seu potencial de transformação através do amor.

Foi nesse momento, após ter saído da empresa e estar prestes a fazer a formação de facilitadora, que meu corpo me trouxe mais algumas lições. Lembra que comentei da segunda cauterização do colo do útero? Na época, fizemos uma coleta de material e, dependendo do resultado, existia a possibilidade de um outro procedimento ser necessário. Tive a confirmação da necessidade do procedimento dias antes da formação.

Quando fiz a cauterização, muitos pensamentos emergiram, inclusive em relação ao motivo daquilo estar acontecendo novamente. Conforme eu aprofundava e descobria os motivos, aplicava os métodos que tinha aprendido para liberar crenças e padrões negativos. Tinha também ajuda de terapeutas que me ajudavam a ver além das minhas próprias percepções. Desta forma, quando recebi a confirmação de que o procedimento de conização era necessário, eu estava confiante que fazia parte do processo de cura e que tudo ficaria bem.

Foi exatamente o que aconteceu, a cirurgia foi muito bem-sucedida e a análise do material confirmou que nenhum procedimento adicional seria necessário. Fiquei imensamente grata e respeitei o fato de que a formação ficaria para o próximo ano.

Imaginei então que poderia voltar o foco para minha nova carreira, mas várias coisas aconteciam que tiravam meu foco, pois eu ainda estava lidando com resistências. Iniciei um novo processo de aprofundamento em meio a sentimentos confusos, pensamentos negativos e situações que emergiam, e com eles crenças, medos e bloqueios foram liberados.

Se você me conhece pessoalmente, já deve ter me ouvido falar do cronograma. Eu acredito que o cronograma divino é perfeito, mas como somos imediatistas por natureza, acabamos nos deixando levar pela ansiedade e pelos pensamentos acelerados.

Percebi ao longo dos anos, que eu estava sempre conectada ao próximo passo, à próxima pessoa, ao próximo lugar e que as coisas aconteciam no tempo e de maneira perfeitos, mesmo que eu não percebesse imediatamente.

Acreditar nisso não significa que não tenho altos e baixos, que não fico ansiosa e que estou plena e feliz 100% do tempo. Como você, também passo por processos mais difíceis e densos, mas quanto mais me conheço, mais rapidamente percebo quando saio do eixo e busco ferramentas para me equilibrar novamente. Quando estou resistente ou não consigo ver com clareza, pois todos temos pontos cegos, busco ajuda de profissionais para entender o que está acontecendo.

Em maio de 2024, minha família passou por um luto, o que trouxe muita dor e sentimentos que nunca tinha sentido antes. Tudo isso se misturou com outras coisas que eu estava sentindo e então passei por um período de confusão e retração. Mesmo lidando com o luto, fui me reestruturando, reequilibrando e aprendendo novamente a ser paciente comigo e com o que estava sentindo. Em certo ponto achei que já estava bem, mas estava tentando controlar o luto, e isso refletia principalmente na minha nova carreira. Confesso que ainda tenho crises de choro aleatórias por causa de músicas, cheiros, comidas, filmes e outras coisas que me lembram da minha irmã. É um processo e entendi que preciso respeitá-lo sem cobrança e sem julgamento.

No início de agosto de 2024, embarquei então na formação que tanto queria para ser facilitadora de *workshops* do método da Louise Hay.

Com todas as coisas que aconteceram em nove meses desde minha transição de carreira, ficou muito evidente que esse era o momento certo para fazer a formação, e que novamente as coisas aconteciam no momento perfeito. Durante esses sete dias, passei por uma forte reconexão comigo mesma e com a natureza. Liberei diversas camadas de dores e sentimentos que me afastavam da minha essência, da minha verdade e do autoamor. Nunca tinha experimentado algo tão lindo e tão profundo.

Esse período também reforçou meu amor pela minha nova carreira e o quanto acredito que o que faço pode transformar aqueles que chegam até mim, pois sou exemplo dessa transformação.

Aprendi que as respostas estão dentro de mim e que, se eu perguntar, meu corpo me responderá. Algumas vezes, por mecanismo de defesa da minha mente, as respostas podem não vir tão facilmente, mas quanto mais me conhecer e me sentir segura, mais informações virão à tona. Aprendi que preciso pedir o que quero, me posicionar e me movimentar. Ter uma postura diferente e incorporar afirmações positivas é o começo de tudo, mas sem movimento as coisas não acontecem e os sonhos não se realizam.

Como o que acredito acontece, por anos acreditei que precisava ter uma vida pesada, e foi isso que materializei. Agora que tenho consciência desse padrão e o liberei, minha vida começa a se alinhar com aquilo que sonho. Hoje, eu questiono tudo que acredito ser verdade absoluta sobre mim mesma, principalmente se é algo que me afasta dos meus objetivos.

Acreditei por muito tempo ser tímida e introvertida, mas hoje vejo isso apenas como uma preferência gerada na minha infância para me sentir segura. Hoje, resolvo diariamente colocar minha voz no mundo, pois acredito que o que tenho para dizer importa e pode ajudar outras pessoas passando pela mesma situação.

Confio que a sabedoria divina se manifesta diariamente em minha vida e me guia constantemente. E como o cronograma divino é perfeito, estou aprendendo a me soltar e deixar a vida fluir. Soltar o controle nem sempre é fácil para mim, mas sei que, com prática, será mais uma coisa que me levará à leveza que tanto busco.

Parei também de tentar separar as minhas personas, pois no começo achava que simplesmente tinha deixado de ser contadora e me tornado terapeuta. Isso trouxe muita confusão no processo. Quando integrei novamente todas as minhas partes, toda a minha história e todas as minhas versões, tudo ficou mais fácil.

Minha mudança começou quando aprendi a me amar novamente, e com esse amor eu abri as portas da saúde, do merecimento e da prosperidade novamente em minha vida.

Considero minha transição de carreira uma história de sucesso, pois tudo o que vivenciei me trouxe muita experiência e hoje aplico tudo que aprendi diariamente no meu trabalho.

"Coloque uma dose diária de amor-próprio em sua rotina, e esse amor se multiplicará exponencialmente em todas as áreas de sua vida. Permita-se!"

Regiane Bergamin

Renata LG

Renata LG, 49 anos, esposa do Marcio, mãe do Renato Neto, filha de Renato e Beatriz, irmã da Alessandra, mãe de *pet*, meus gatos Mila, Mingau e Miguel, e do meu anjinho que já está com Deus, Mixirica. Amo minha família e minha carreira, sempre em busca de novos desafios.

Formada em Administração de Empresas, bacharel e licenciada em Educação Física. Professora, empreendedora, corretora de seguros, palestrante, educadora física, instrutora de zumba, voluntária no Amigos do Sopão OZ e dona de casa.

Amo dançar, rir e fazer rir, amo animais, viajar, fazer amigos, um bom papo e conectar pessoas.

Meu propósito de vida é ser agente de transformação na vida das pessoas e tento contribuir para a construção de um mundo melhor. Meu lema é: "Fazer o bem faz bem".

Bem-humorada e ao mesmo tempo muito disciplinada, gosto de tudo muito bem planejado e organizado. Atenção aos detalhes sempre.

zin.renatalg1234

melpscor

+55 (11) 98358-0427

prof.re.lg@gmail.com

@ZIN.RENATALG

28

MÃE AOS 15 ANOS, CRESCENDO, VIVENDO E APRENDENDO

*Por *Renata *LG

Puxando pela memória, você consegue responder rapidamente o que estava fazendo aos 15 anos? Talvez se despedindo das bonecas e outros brinquedos que remetiam à infância, iniciando o gosto pela moda, descobrindo sua vaidade, novos amigos, novos ambientes, transitando para sua adolescência, sentindo algumas transformações físicas e, quem sabe, já conhecendo seu primeiro amor.

Pois bem, eu, com 15 anos, me vi grávida, num relacionamento que não teria futuro, porém, quando se está apaixonada, não enxergamos nada e nem aceitamos os conselhos daqueles que tentam nos alertar. De repente, sem nenhuma experiência de vida, veio a confirmação: grávida! Filha caçula, pai militar extremamente rigoroso, aguardando na fila para receber um transplante de coração, ele não podia passar nervoso, mãe disciplinadora e religiosa. Como contar para eles? "Preciso criar coragem e contar que estou grávida". Você pode imaginar o medo? "Qual será a reação deles? Como vou criar um bebê? Será que vou receber algum apoio?". Turbilhão de sentimentos...

Escondi enquanto pude, até que, com quase seis meses de gestação, tive que revelar. Eu precisava ir ao médico, fazer pré-natal, não sabia como funcionava, o medo tomava-me ainda mais, barriga crescendo, náuseas, sonolência, não tinha mais como esconder. Mas o medo dominava... Como dar a notícia? Meu pai aguentaria esta notícia? Minha mãe me apoiaria?

Para resumir, num ato de desespero, saí de casa e busquei o apoio do pai do bebê. Infelizmente, não foi o que eu esperava, tive que de fato recorrer aos meus pais, foi um desespero, choradeira, decepção, mágoas, ofensas, críticas, um verdadeiro furacão. Mas, graças a Deus, eles me amavam e superaram aquele momento e me acolheram, estabeleceram regras, minha mãe me levou ao médico, iniciamos todo o acompanhamento necessário, ainda com mágoas, pois ela sonhava em ver a filha formada, já que ela não pôde estudar, ela queria as filhas graduadas e bem-sucedidas, uma gravidez precoce representava a interrupção desse sonho.

Eles não me obrigaram a casar e exigiram que eu continuasse estudando, na época eu frequentava o curso técnico em Contabilidade e, com o apoio da família, consegui prosseguir e me formar.

O preconceito era muito presente, minhas amigas foram proibidas de andar comigo, afinal, eu seria uma péssima influência, na escola, todos me evitavam, me julgavam e comentavam, sabe quando você chega e o assunto para porque o assunto era você? Na rua, as pessoas me olhavam e deixavam clara a rejeição, "uma menina tão nova e já grávida", ouvi ofensas absurdas, até mesmo por parte de alguns familiares, que diziam que minha vida tinha acabado, que dali para a frente eu já não teria um futuro profissional e me tornaria uma pessoa derrotada, todo tipo de rótulo ofensivo me era atribuído.

Por muito tempo, assimilei tudo aquilo como verdade, e por vezes, acreditei que minha vida tinha sido realmente interrompida e que dali para frente eu dependeria sempre de alguém, meu futuro seria apenas cuidar daquele bebê, que aliás, crescia dentro de mim e me apavorava. "Como cuidar de uma vida? Tenho apenas 15 anos, não tenho ideia de como criar e educar um bebê!". Os médicos alegaram que por ser muito jovem e meu corpo muito pequeno e estreito, o parto apresentaria riscos, agora veio também o medo de morrer e nem sequer conhecer o bebê.

A cada dia, o medo crescia e os julgamentos também. Brigas em casa, eu queria ser adolescente e sair com as amigas, mas havia um bebê em minha barriga, "Eu sou adolescente ou mãe? Adulta ou jovem demais?". Tudo isso ao mesmo tempo.

Finalmente ele nasceu, um menino, numa casa em que havia duas filhas mulheres, meu pai se realizou, virou "pai" de menino, amou-o e criou da forma mais linda que se pôde ver, minha mãe foi a segunda mãe dele. Renato Neto, em homenagem ao meu pai, que nunca me desamparou, o maior exemplo de homem que já conheci na vida. A avó o amou e mimou até os últimos dias de sua vida, a tia coruja sempre por perto curtindo e amando aquele bebê, padrinhos, tios, bisavós, primos, todos envolvidos em amar e proteger nosso menino.

Eu, agora com 16 anos, amamentando, trocando fraldas, cuidando daquela vidinha, morrendo de medo de machucá-lo ou de ele se engasgar, mas avós e tia sempre por perto, me apoiando. Ao mesmo tempo, eu queria viver minha juventude, aí tiveram muitos desentendimentos e atritos, não foi fácil, nas ruas, eu novinha, pequena, amamentando um bebê, as pessoas olhavam, apontavam, comentavam, julgavam. Isso doía.

Vivi por anos em função de ser mãe, sempre amparada dentro de casa, até que observei as pessoas da minha idade entrando na faculdade, trabalhando, construindo suas vidas e me senti deixada de lado, senti uma frustração enorme e decidi prestar vestibular, fiz em segredo, afinal, não me sentia capaz de passar na prova, já que minha vida girava em torno de fraldas e mamadeiras. Lembro-me que minha mãe estava na praia quando dei a notícia que fui aprovada no vestibular, ela ficou tão feliz que pagou uma rodada de sorvete a todos que estavam por ali, pois sua filha caçula entrara para a faculdade.

Não foi fácil trabalhar, estudar, cuidar do filho, brincar com ele, lidar com o cansaço físico e emocional, mas a família estava lá, segurando a barra e dividindo as responsabilidades. Meus pais me ensinaram a ser mãe, independentemente da minha rotina, o Renato era prioridade, eu tinha que estar sempre com ele, levar para brincar, passear, proporcionar uma infância de verdade. Agradeço todos os dias por eles terem sido tão firmes ao me conduzir na criação do meu filho.

Ele foi crescendo, passei a ter alguma liberdade para sair e construir uma vida social, algumas paqueras e muitas frustrações amorosas. Quando se é mãe solo, se adquire um rótulo e a vida amorosa fica bem complicada, passei por situações humilhantes, foi ficando claro que eu não teria uma família e a sensação de que não seria digna de uma relação de verdade. Muitas decepções e mágoas, eu já não acreditava mais no amor, já estava me conformando em viver sozinha com meu filho, até que conheci alguém, no trabalho, troca de olhares nos treinamentos, à distância, mas nem me empolguei, imaginei que seria mais um que logo desistiria ao saber da minha história.

Sempre admirei o casamento dos meus pais, a relação e o amor deles era incrível, o caráter do meu pai, o cuidado que ele tinha com minha mãe, minha irmã e eu. Sempre pedi a Deus que me permitisse encontrar um homem com valores semelhantes aos do meu pai. Pois bem, Deus me ouviu, e esse rapaz que veio chegando em minha vida aos poucos, era uma cópia fidedigna de tudo que sempre admirei em meu pai, fomos nos conhecendo e por também ser pai de um primeiro casamento, ele entendia e respeitava minha maternidade, além de ser um bom filho, bom pai e bom ser humano, ainda acreditava em mim e me estimulava a lutar pelos meus interesses. Sabe aquela pessoa que lhe permite voar e voa ao seu lado? Exatamente como meu pai fazia conosco em casa. Minhas preces foram ouvidas.

Infelizmente perdi meu pai, que partiu no início do meu namoro, e o Marcio, hoje meu marido, apoiou-me com todo seu amor e companheirismo. Anos depois, também perdi minha mãe e da mesma forma meu parceiro de vida apoiou-me. Minha vida mudou em tantos aspectos, tive a oportunidade de realizar um sonho de infância, estudar Educação Física e seguir carreira, meu marido estimulou-me e apoiou-me. Fiz a faculdade junto com meu filho, fomos colegas de classe, realizei junto dele o sonho que eu interrompi lá aos 15 anos, quando parei tudo para cuidar do meu bebê. Depois a vida me conduziu para a carreira administrativa, por conta dos benefícios financeiros, mas o sonho de menina sempre foi Educação Física. Imagine! Realizar esse sonho estudando e se formando junto com seu filho? Quase 40 anos, com o apoio do marido e do filho, foi uma experiência indescritível.

Hoje, diante de tantos tombos que levei, diversos obstáculos que poderiam ter me derrotado, paro e me pergunto: "Como eu consegui?". Afirmo sem medo de errar, tive uma família incrível que não me permitiu desistir e com base nos exemplos que tive em casa, entendi que se tivesse que construir uma família, que deveria seguir os mesmos preceitos e valores que recebi desde o berço: o cuidado, a rede de proteção e o amor foram base para todas as escolhas da minha vida. Dessa forma, só permiti entrar em minha vida um parceiro com os mesmos valores, e o resultado tem sido uma união e uma parceria incrível, alguém que me dá suporte e asas para voar, que batalha comigo e me permite realizar meus sonhos, um marido incrível, um verdadeiro pai para meu filho, tudo que admirava em meu saudoso pai e muito mais.

Meu filho? Hoje com 33 anos, eu com 49, somos amigos, colegas de profissão e parceiros, nele vejo os reflexos da educação que batalhamos tanto para lhe oferecer. Quem é mãe sabe a sensação de olhar para seu filho e ver que ele se tornou um ser humano do bem, a sensação que deu certo. Acho que posso dizer que conseguimos, juntos, nos apoiando sempre, conseguimos!

Medo? Senti (e muito!), várias vezes duvidei de mim e do meu futuro, mas sabe de uma coisa? O medo não pode ser um freio, e sim um acelerador. Ou você perde o medo ou perde a oportunidade, então decidi: oportunidades não quero perder, jamais. Aquela menina que de repente se tornou mãe, superou o preconceito, o julgamento, o medo e se inspirou, com uma rede de apoio de pessoas incríveis. Hoje, tenho a sensação de que sou capaz de tudo, basta encarar os desafios, ignorar os desvios, manter o foco e buscar meus objetivos com gana e dedicação, buscando me aliar a pessoas que agregam e acreditam em mim, com Deus sempre conduzindo todos meus passos, como sempre fez até aqui.

Meu propósito de vida? Apoiar pessoas ao meu redor que talvez estejam vivendo aquela fase de medo que um dia já experimentei, e, de alguma forma, contribuir para que não desistam, superem seus obstáculos e sintam-se acolhidas.

"O medo não pode ser um freio, e sim um acelerador. Eu escolhi acelerar."

Renata LG

Sabrina Dourado

Educadora desde os 16 anos, Sabrina Dourado é uma luz inspiradora para todos que cruzam seu caminho. Com uma sólida formação em Constelação Familiar, certificação internacional em *Coaching* e uma carreira jurídica que a levou a se tornar mestre em Direito.

Ela tem especializações que abrangem desde a Psicologia Positiva até a Neurociência, obtidas na PUC/PR. Sua paixão por compartilhamento de ideias a levou a ser palestrante TEDx e mentora de vida e carreira.

À frente do movimento *Desperte a sua Leoa*, Sabrina lidera uma comunidade de mulheres em busca de empoderamento e autenticidade. Como CEO do Instituto Além do Conhecimento, ela não só lidera, mas também transforma vidas.

Fora de sua carreira profissional, Sabrina é mãe dedicada de Gui e Henrique, e companheira leal de Cris Brandão há dezoito anos. Sua paixão reside em potencializar pessoas, cultivando fé, espiritualidade, prosperidade e amor em cada interação.

sabrinadourado

+55 (71) 99671-8779

LEOAS

29

LIBERE SUA VOZ PARA O MUNDO

Por Sabrina Dourado

Desde muito jovem, as palavras sempre foram minhas aliadas. Cresci em uma família simples, em uma cidade pequena no interior da Bahia, onde a expressão parecia limitada pelas circunstâncias, mas nunca pelas possibilidades que eu vislumbrava. Mesmo em meio à simplicidade, eu descobri, ainda na infância, que minha voz era uma ferramenta poderosa para criar, conectar e inspirar. Lembro-me vividamente de quando fui escolhida como a oradora da minha turma de alfabetização. Aquele foi o primeiro momento em que percebi que, por meio da minha voz, eu poderia tocar o coração das pessoas ao meu redor.

Lembro os detalhes. Da roupa que usava. Da emoção que me preenchia naquela leitura, que marcava o início da minha jornada como uma apaixonada por conhecimento, comunicação e vidas.

Essa primeira experiência de falar em público, mesmo sendo tão jovem, foi um marco. Naquele momento, eu percebi que a comunicação não era apenas uma troca de palavras, mas uma forma de construir pontes, de fazer com que minhas ideias e sentimentos se encontrassem com os dos outros. Essa descoberta foi como acender uma chama em mim, uma paixão por me expressar que só cresceria com o passar dos anos. Essa pulsação passou a fazer parte da minha vida.

Moramos em João Dourado/BA, até os meus 10 anos. O sonho dos meus pais era o de que nos mudássemos para a capital, para que pudéssemos ter mais possibilidades e oportunidades de crescimento.

Esse amor pela comunicação acompanhou-me ao longo dos anos. Aos 11 anos, comecei a trabalhar com meu pai, uma experiência que me ensinou muito sobre responsabilidade e compromisso. Mas, mais do que isso, mostrou-me a importância de saber me expressar, de fazer minha voz ser ouvida em qualquer ambiente. Aos 16 anos, já estava dando aulas de reforço escolar, ajudando outros a encontrarem suas próprias vozes no mundo acadêmico. Foi um tempo de crescimento. Pegava mais de R$ 10 ônibus por dia. Eu ministrava aulas particulares e atendia no lar dos meus alunos. Minha voz chegava a cada um.

O trabalho com meu pai era árduo e exigente, mas me proporcionou um senso de disciplina e dedicação que seria fundamental para o meu desenvolvimento como comunicadora. Além disso, trabalhar tão jovem me ensinou a lidar com diferentes tipos de pessoas, a compreender suas necessidades e a adaptar minha comunicação de acordo com cada situação. Essas habilidades tornaram-se valiosas à medida que fui assumindo papéis de liderança em diferentes contextos.

Ao olhar para trás, percebo que cada passo dessa jornada foi essencial para moldar quem eu sou hoje. Aos 21 anos, eu me formei em Direito e, naquele mesmo ano, já estava em frente a uma turma universitária, compartilhando conhecimento e experiência. Ministrei muitas aulas. Cada turma era única. O ensino, para mim, sempre foi uma via de mão dupla: eu oferecia meu conhecimento, mas também recebia muito em troca – cada pergunta, cada discussão em sala de aula, era uma oportunidade de aprender e crescer ainda mais como comunicadora. Cada história, cada olhar me traziam força para seguir a minha jornada.

A experiência de ser professora universitária foi transformadora. Estar diante de uma sala cheia de jovens com mentes ávidas por conhecimento, cheias de perguntas e de dúvidas, desafiou-me a ser clara, assertiva e, ao mesmo tempo, empática. Aprendi que se comunicar não é apenas transmitir uma mensagem, mas garantir que essa mensagem seja compreendida e que faça sentido para quem a recebe. Percebi que a comunicação eficaz é aquela que toca a outra pessoa, que a transforma de alguma forma.

Essa fase da minha vida também foi marcada por uma intensa busca por mais. Sentia que, apesar de todas as minhas conquistas, havia um vazio, uma lacuna que eu não conseguia preencher. Isso me levou a questionar a minha própria autenticidade. Por muito tempo, eu havia seguido um caminho que parecia ser o certo, mas, no fundo, sentia que estava faltando algo – algo que me permitisse ser verdadeiramente eu, sem máscaras, sem a necessidade de me ajustar às expectativas alheias.

Foi então que comecei a questionar o que realmente significava ter uma voz livre. Percebi que, apesar de todo o sucesso externo, ainda me faltava a tomada da minha autenticidade. Por muito tempo, minha voz tinha sido moldada por expectativas externas – de família, sociedade, e até mesmo de mim mesma. Era como se eu estivesse tentando encaixar minha voz em moldes pré-definidos, em vez de deixá-la fluir da maneira que realmente deveria.

Essa percepção levou-me a uma jornada interna profunda, na qual descobri que, para liberar completamente minha voz, eu precisava me conectar com algo maior do que eu mesma. Foi nesse momento que encontrei uma conexão real com Deus, que me trouxe uma sensação de filiação e pertencimento que eu nunca havia experimentado antes. Essa conexão não apenas me deu força, mas também me ofereceu liberdade – a liberdade de ouvir Sua voz e de silenciar as vozes e julgamentos externos que tanto haviam me influenciado.

Minha conexão com Deus transformou não só a forma como eu via o mundo, mas também a forma como eu via a mim mesma. Antes, minha comunicação era eficaz, mas faltava aquela centelha de autenticidade, de verdade absoluta que vem quando estamos em sintonia com nosso propósito divino. A partir do momento em que comecei a ouvir a voz de Deus e a seguir sua orientação, percebi que minha voz não era apenas minha – ela era uma ferramenta para algo muito maior, um canal pelo qual eu poderia impactar a vida de outras pessoas de maneira profunda e significativa.

Com essa nova compreensão, eu pude finalmente liberar minha verdadeira voz para o mundo. Não era mais uma voz que buscava aprovação ou que se preocupava em se encaixar. Era uma voz autêntica, nascida de uma conexão profunda com o que há de mais sagrado, e que, por isso mesmo, não tinha medo, culpa ou vergonha. Foi a partir dessa nova posição que eu realmente despertei, e, ao fazê-lo, pude ajudar milhares de outras mulheres a fazerem o mesmo.

Hoje, quando olho para trás, vejo que toda a minha trajetória, desde aquela menina do interior da Bahia até a mulher que sou agora, foi uma preparação para esse momento de liberação total. Cada livro, cada palestra, cada aula foi uma parte necessária desse processo de descoberta e autoconhecimento. E agora, com minha voz totalmente livre, sinto que estou finalmente cumprindo meu propósito de vida: ajudar outras mulheres a encontrarem e liberarem suas próprias vozes.

Essa liberdade conquistada não veio sem desafios. Houve momentos em que as críticas externas pareciam ensurdecedoras, em que as expectativas sociais e familiares pesavam sobre meus ombros. No entanto, cada obstáculo que enfrentei só reforçou minha determinação de ser fiel a mim mesma e ao que eu acreditava. Ao me conectar com Deus, encontrei a força para ignorar as vozes que tentavam me desviar do meu caminho e para seguir firme no propósito que Ele tinha traçado para mim.

Ao longo dos anos, tive a oportunidade de testemunhar o poder transformador que a verdadeira comunicação pode ter. Vi mulheres que, antes inseguras e com medo de se expressar, encontraram sua própria voz e começaram a utilizá-la para criar mudanças em suas vidas e nas vidas daqueles ao seu redor. Esse processo de descoberta e liberação da voz é algo que vai além de simplesmente falar – é um ato de coragem, de assumir sua própria identidade e de se permitir ser vista e ouvida, sem reservas. Porque, no final das contas, liberar sua voz para o mundo é muito mais do que apenas falar. É sobre ser fiel a si mesma, sobre se conectar com o que realmente importa e sobre ter a coragem de se expressar de forma plena e autêntica, independentemente do que o mundo possa pensar. É sobre rugir, com toda a força que temos dentro de nós, e, ao fazer isso, inspirar outras mulheres a fazerem o mesmo.

A liberdade de se expressar, de ser quem verdadeiramente somos, está profundamente enraizada no propósito que Deus tem para cada um de nós. Uma passagem bíblica que me acompanhou nessa jornada de descoberta é encontrada em 2 Coríntios 3:17, em que está escrito: "Ora, o Senhor é o Espírito; e onde está o Espírito do Senhor, aí há liberdade". Essa liberdade que vem de Deus não é apenas a capacidade de falar, mas a de viver e se expressar de acordo com a verdade que Ele plantou em nossos corações. Quando nos conectamos com essa verdade, nossa voz se torna um reflexo de nossa fé, de nossa autenticidade, e de nosso compromisso com o propósito divino.

Liberar a minha voz para o mundo foi, e continua sendo, uma jornada de fé, autenticidade e coragem. Cada livro escrito, cada palestra ministrada, cada aula dada, tudo foi feito com a intenção de levar essa mensagem de liberdade a outras mulheres. É um chamado para que todas nós, independentemente das circunstâncias, possamos nos libertar das amarras do medo, da culpa e da vergonha, e possamos usar nossas vozes para o bem, para inspirar, para transformar. Porque, no final das contas, o mundo está esperando para ouvir o nosso rugido – um rugido que ecoa a verdade, a força e a liberdade que encontramos em Deus.

"Sua voz impacta e transforma o mundo. É hora de rugir!"

Sabrina Dourado

Casamento
FRACASSADO
NUNCA MAIS
DESCUBRA OS SEGREDOS DO
RELACIONAMENTO
DE SUCESSO

Sandra Chaves

Sou Sandra dos Santos Chaves, filha amada de Deus, filha, irmã, mãe, funcionária pública, escritora, autora do livro *Casamento fracassado nunca mais: descubra os segredos do relacionamento de sucesso* (disponível na Amazon), coautora do livro *O legado IV: o valor de uma vida* e do livro *A profissão do futuro: como entender pessoas.*

Graduada em Tecnologia em Processamento de Dados e Direito, pós-graduada em Direito Público, formada em Coaching e Terapia Integrativa. Eu a ajudo a alcançar sonhos de forma leve e simples. Criadora da mentoria Vida Leve. Agende uma sessão de Vida Leve, reserve já seu horário!

sandrachaves.oficial

+55 (24) 99234-0539

sandrachaves.oficial@hotmail.com

LEOAS

30 TRANSFORMANDO A DOR EM FORÇA: UMA NOVA JORNADA

Por Sandra Chaves

O matrimônio é sagrado tal como está escrito na Bíblia (Gênesis 2:24; Mateus 19:5-6): "Por essa razão, o homem deixará pai e mãe e se unirá à sua mulher, e os dois se tornarão uma só carne". Por isso, a maior falha humana é deixar de colocar Deus no centro do seu relacionamento, culminando muitos casamentos à dor da separação e do divórcio. Quando Jesus foi perguntado sobre o motivo de Moisés permitir a carta de divórcio, a resposta foi "Por causa da dureza de nossos corações", aqui entra o orgulho. Porém, este capítulo é um acolhimento amoroso aos que inevitavelmente passaram ou estão vivenciando esse momento delicado da ruptura do laço matrimonial. Deus nos fez para o amor e para a felicidade, qualquer outra forma de vida é uma disfunção.

Talvez você tenha passado por situações ou aguentado por muito tempo o sofrimento da solidão a dois, um relacionamento disfuncional marcado pela indiferença, violência física ou verbal. Alguns relacionamentos infelizes são arrastados por muitos anos por questões sociais, familiares, repetições de padrão dos pais, avós, presença de filhos em comum. Nesses casos, pode haver abusos de toda ordem, chantagem emocional, guerra fria, desprezo ou outras posturas que causam tristeza, angústia, depressão, ansiedade, sofrimento emocional, psicológico, dor física etc.

Mesmo quando o casal decide que a convivência chegou ao fim, a dor emocional está presente, há uma quebra de expectativa, uma frustração. Dependendo da causa que motivou o rompimento, pode ser mais ou menos dor. Tudo depende de como você interpreta a situação. Porém, a maioria das separações são extremamente dolorosas. O ser humano é naturalmente apegado, por isso não admite rupturas, que são vistas como derrotas. Em razão disso há frustração, raiva, sentimento de medo, de abandono, de insegurança etc. Saber quais foram os motivos que levaram à separação traz clareza e compreensão, permitindo um processo menos doloroso, mais consciente e maduro. Entender a causa evita que padrões antigos possam se repetir em relacionamentos futuros.

O fim de uma união pode ser a libertação de um relacionamento tóxico, por exemplo. Nesse caso, a separação abre caminho para uma vida saudável e feliz, uma oportunidade de se redescobrir como indivíduo. A dor da separação e do divórcio pode ser a oportunidade mais valiosa para seu crescimento pessoal e a reconstrução da vida feliz e realizada. Você pode escolher entre o sofrimento perene ou se colocar em uma posição de aprendizado.

Você reconhece sua dor e sua vulnerabilidade?

É natural sentir-se devastada, triste, com raiva, por isso evite reprimir essas emoções, permita-se vivenciá-las e processá-las.

Sabe quem você é?

Mergulhe no autoconhecimento e o foco no aprendizado. Coloque-se em uma posição de aprendiz e veja que a separação oferece uma oportunidade única para refletir sobre quem você é, suas necessidades, desejos e limites. Aproveite esse momento para se reconectar consigo.

Aprenda com o passado, analise o relacionamento que chegou ao fim e identifique padrões que podem ter contribuído para a separação. Essas reflexões ajudarão a evitar repetir erros no futuro.

Como está sua autoestima?

Ame-se incondicionalmente, reconheça seu valor e sua importância como ser humano. A separação não define seu valor, entenda que você merece amor e felicidade.

Cuide de sua saúde física e mental, procure fazer um *check-up*, faça terapias, pratique o autocuidado, invista em atividades que lhe tragam alegria e bem-estar.

Você sente ressentimento?

Libere o perdão! Antes, perdoe-se! Aceite que ninguém é perfeito e que você também não é. Perdoe-se por eventuais erros e decisões tomadas durante o relacionamento. O perdão não significa validar ou aceitar o comportamento que levou à separação, mas libertar-se do peso do ressentimento.

Como será sua vida agora?

Planeje o futuro, estabeleça metas pessoais, desenhe uma visão clara e positiva do que deseja para sua vida após a separação. Crie metas realistas e concretas para alcançar seus sonhos e aja todos os dias na direção delas.

Como está seu social?

Reconstrua relacionamentos, fortaleça laços familiares e amizades, aproveite esse apoio para superar esse momento. Experimente sentir-se em paz. Entenda que você tem a força e a resiliência para superar essa fase.

Tão importante quanto o autocuidado é a preservação do estado emocional dos filhos e, principalmente dos filhos com necessidades especiais, quando estes estão presentes em meio a todo esse processo doloroso para os pais. Esses cuidados são fundamentais para que as consequências sejam as menos indesejadas possível na vida adulta deles. Por isso, você deve ajudá-los a se adaptarem à nova realidade, ajustando a forma de comunicação; criando estabilidade de rotina e um ambiente acolhedor cheio de compreensão e empatia. Evite conflitos e proporcione tempo de qualidade.

O divórcio por si só é um desafio, quando há filhos com necessidades especiais torna-se ainda maior. Nesse caso, é fundamental a presença contínua de uma rede de apoio, principalmente para quem ficar com a guarda do filho ou dos filhos com necessidades especiais. Aqui listo alguns cuidados, mas certamente pode haver outros:

1. Comunicação aberta: mantenha uma comunicação aberta e honesta com o outro genitor, discutindo as necessidades do seu filho de forma colaborativa. Trabalhar juntos em prol do bem-estar da criança é fundamental.

2. Consistência e rotina: crie uma rotina estável e consistente para o seu filho, garantindo que os cuidados e as atividades ocorram de maneira previsível. Isso proporciona segurança emocional e ajuda na adaptação às mudanças.

3. Informe-se sobre as necessidades do seu filho: procure conhecer e entender as necessidades especiais do seu filho, buscando informações, orientações e apoio de profissionais especializados. Quanto mais você souber sobre a condição dele, melhor preparado estará para lidar com os desafios.

4. Apoio emocional: esteja presente para o seu filho, ouvindo-o atentamente e oferecendo apoio emocional durante esse período de transição. Mostre que você está disponível para conversar sobre os sentimentos dele e que se importa com o bem-estar emocional.

5. Busque apoio profissional: considere buscar apoio de profissionais especializados, como terapeutas ou psicólogos, tanto para o seu filho quanto para você. Eles podem ajudar a lidar com as emoções envolvidas no divórcio e fornecer estratégias específicas para lidar com as necessidades especiais da criança.

6. Cooperação entre os pais: trabalhe em cooperação com o outro genitor, compartilhando informações relevantes sobre o desenvolvimento e o bem-estar do seu filho. Juntos, vocês podem tomar decisões importantes e garantir uma abordagem consistente em relação às necessidades especiais da criança.

7. Rede de apoio: procure construir uma rede de apoio sólida, envolvendo familiares, amigos e profissionais que possam oferecer suporte tanto a você quanto ao seu filho. Ter pessoas confiáveis ao seu redor pode ajudar a aliviar o estresse e ajudar no suporte emocional.

Cabe ressaltar que cada criança é única e pode reagir de maneira diferente ao divórcio. Cada situação é específica, principalmente quando são envolvidas crianças com necessidades especiais, portanto pode ser necessário adaptar essas orientações à cada caso individualizado. O mais importante é manter foco no bem-estar da criança. Esteja presente, seja paciente e ofereça muito amor e apoio durante esse período de transição. O objetivo é ajudar seus filhos a se sentirem amados, seguros e compreendidos enquanto se adaptam à nova realidade familiar.

Como muito bem explicitado no prefácio de minha obra *Casamento fracassado nunca mais: descubra os segredos do relacionamento de sucesso*, da qual extraí todo este capítulo, a dor da separação é inerente ao ser humano desde o seu nascimento. Assumir essa condição em um relacionamento quando este se torna um projeto de vida é muito doloroso. Porém, trago uma possibilidade de você compor uma nova canção, quem sabe um novo relacionamento livre dos erros e falhas do passado, composto a partir das notas aprendidas na canção anterior que agora ecoam afinadas na orquestra chamada família.

O que você leu até aqui faz parte da obra que escrevi com amor, respeito e carinho à todas as pessoas que sofreram ou ainda sofrem por causa de seus relacionamentos. Talvez você esteja em um relacionamento infeliz, frio, sem amor, sem intimidade, sem confiança. Falta respeito, às vezes aceita traições, sente insegurança, culpa, medo. Situações que se repetem diariamente onde há tristeza, angústia, cansaço físico e mental. A ausência do diálogo e da cumplicidade desdobra-se em indiferença, agressão verbal e até física.

Equívocos comuns podem ser praticados de forma inconsciente e ser capazes de destruir a vida a dois. Se você já se viu como se estivesse numa prisão, em uma teia de relacionamentos fracassados, sem entender o que deu errado ou por que parece repetir os mesmos padrões, este livro é para você. É um verdadeiro tesouro com ferramentas essenciais para você se conhecer e entender quem está ao seu lado, fortalecer a união e evitar conflitos. Por isso, embarque nessa jornada.

Ao final, você estará pronto ou pronta para um relacionamento autêntico e duradouro. Aproveite as dicas do capítulo especial Os segredos do casamento de sucesso, do livro *Casamento fracassado nunca mais*, para desvendar os segredos da convivência feliz e invista no seu relacionamento. Assim irá descobrir *insights* e ferramentas valiosas para viver tudo que você merece.

O futuro lindo a aguarda, assim como a chave para o sucesso no relacionamento. Está na hora de redefinir a narrativa e dar um novo rumo à sua história de amor. Aguardo você na obra *Casamento fracassado nunca mais: descubra os segredos do relacionamento de sucesso*, o livro que mudará para sempre a forma como você vê e vive o amor.

Dedicatória a Deus; a Thiago Henrique e Gabriel Henrique e às leoas: mãe Maria; irmãs Salete, Sirlene, Solange e Simoní e às amigas Carli Pizette de Carvalho e Silvana Cristina Britto.

“Acolha-se com amor, pois é no rompimento do casulo que você se descobre como essência divina.”

Sandra Chaves

Tathì Olíveíra

Sou Tathì Olíveíra, natural de São Francisco de Paula/RS, resido em Gravataí/RS com minha família: meu esposo Juliano Bueno, com quem sou casada há quatorze anos, e meu filho Vicente Bueno, hoje com 7 anos.

Sou empresária, terapeuta e mentora, escritora, *master coach* em PNL, com formação em Psicanálise e pós-graduanda em Neurociência do Comportamento humano, CEO na Conceito Administradora de Condomínios. Acumulei mais de dezoito anos trabalhando com gestão de pessoas e resolução de conflitos e hoje ensino centenas de pessoas a inserir qualidade de vida e bem-estar em suas vidas, conciliando vida pessoal com a profissional.

Hoje tenho a missão de inspirar outras mulheres a se conhecerem e transformarem seus medos em força.

tathioliveiramentora

+55 (51) 98602-7132

Tathì Olíveíra

contato@tatianeoliveira.net.br

LEOAS

31

ALÉM DO MEDO: REDESCOBRINDO A MIM MESMA

Por Tathi Oliveira

Minha vida sempre foi uma dança delicada entre ser mãe, esposa, e profissional dedicada. Para o mundo exterior, eu parecia ter tudo sob controle. Mas por dentro, sentia-me como um castelo de cartas, prestes a desmoronar. O peso das expectativas, tanto as que os outros colocavam sobre mim quanto as que eu mesma carregava, crescia dia após dia. Foi nesse momento de pressão que as crises de pânico começaram a surgir, como sombras que eu não podia ignorar.

Essas crises foram minha primeira sinalização de que algo estava profundamente errado. Sentia meu coração disparar, minha respiração tornava-se curta e uma sensação avassaladora de medo tomava conta de mim. O chão parecia desaparecer sob meus pés e o mundo que eu conhecia estava ruindo. Inicialmente, resisti a aceitar o que estava acontecendo, tentando ignorar o caos interno enquanto mantinha a fachada de perfeição. Mas logo percebi que essa negação só aprofundava o abismo em que eu estava caindo. Foi então que uma epifania atingiu-me com força: eu precisava me redescobrir. Essa palavra – redescoberta – ressoava em minha mente como um eco constante. Mas por onde começar? Como descobrir quem eu era de verdade, além das camadas de responsabilidades e expectativas que me cobriam?

Para iniciar minha jornada de autoconhecimento, precisei fazer perguntas que nunca havia ousado considerar antes. Perguntas que, em sua simplicidade, carregavam um poder transformador:

- O que realmente me faz feliz?
- Quais são meus medos e inseguranças mais profundos?
- O que eu gosto de fazer quando ninguém está olhando?
- O que eu realmente quero da vida?

Essas questões forçaram-me a encarar minha própria verdade. Descobri que gostava de escrever, algo que havia esquecido em meio à correria da vida adulta. Percebi que a natureza me trazia uma paz que eu não encontrava em nenhum outro lugar. O silêncio, antes desconfortável, passou a ser um refúgio para minha mente agitada.

Mas essa jornada não foi fácil. Encarar essas verdades significava confrontar medos e inseguranças que eu havia enterrado há muito tempo. Medos que envolviam minha necessidade de aprovação, meu medo de falhar e de decepcionar aqueles ao meu redor. Compreendi que, muitas vezes, vivia para agradar os outros, temendo o julgamento e a rejeição. Mas, ao mergulhar nessas verdades, percebi algo libertador: eu não podia controlar as reações dos outros. O mais importante era ser fiel a mim mesma.

Com essa nova compreensão, comecei a estabelecer limites saudáveis. Aprendi a dizer "não" sem sentir culpa, um ato que antes me parecia impensável. Reservar tempo para mim mesma tornou-se uma prioridade, não um luxo. Criei pequenos rituais diários que alimentavam minha alma – meditar, caminhar ao ar livre e escrever sobre minhas experiências.

Essas mudanças foram transformadoras. Senti uma paz interior que nunca havia experimentado antes. Minha saúde mental começou a melhorar e a exaustão, que antes dominava meus dias, deu lugar a uma energia renovada. Percebi que, ao me cuidar, eu estava cuidando melhor da minha família e sendo mais produtiva no trabalho.

Mas a transformação não foi apenas interna. Minha nova postura começou a afetar todas as áreas da minha vida. Minhas relações tornaram-se mais autênticas e profundas, e minha carreira ganhou um novo sentido. O que começou como uma jornada de autodescoberta pessoal logo se expandiu para um despertar mais profundo. Compreendi que, para viver plenamente, era necessário enfrentar meus medos de frente. Medos que, por anos, haviam me paralisado e impedido de alcançar meu verdadeiro potencial. Ao enfrentar esses medos, percebi que muitos deles eram ilusões criadas por minha própria mente. A necessidade de perfeição, o medo do fracasso, o receio de não ser suficiente, todas essas eram barreiras que eu mesma havia erguido.

Ao desmontá-las, uma a uma, senti um alívio indescritível. Era como se finalmente pudesse respirar, livre do peso que carregava há tanto tempo.

Esse processo de enfrentar meus medos não foi fácil. Houve momentos de dor e desconforto, em que eu quis desistir e voltar para a segurança das antigas rotinas. Mas cada vez que persistia, sentia-me mais forte, mais conectada comigo mesma. Descobri que, ao me permitir sentir medo, eu também me permitia crescer. Foi nesse crescimento que encontrei minha verdadeira força.

Com o passar do tempo, minha definição de sucesso também mudou. Antes, eu via o sucesso como algo externo – conquistas profissionais, reconhecimento social, a aprovação dos outros. Mas, à medida que me reconectava comigo mesma, percebi que o verdadeiro sucesso estava na minha capacidade de viver de acordo com meus valores e paixões. Entendi que o sucesso não era sobre acumular títulos ou bens materiais, mas sobre viver uma vida que me fazia sentir plena e realizada. Essa nova perspectiva trouxe-me uma liberdade que eu nunca havia experimentado. Libertei-me da necessidade de corresponder às expectativas alheias e passei a focar no que realmente importava para mim.

Essa redefinição do sucesso também impactou minha carreira. Decidi que não precisava seguir um caminho pré-determinado, mas podia criar minha própria trajetória, baseada em meus interesses e valores. Isso me levou a explorar novas oportunidades e a construir uma vida que estava alinhada com quem eu realmente era. Durante minha jornada, uma lição tornou-se clara: o autocuidado não é egoísmo, mas uma necessidade fundamental. Aprendi que, para cuidar dos outros, primeiro precisava cuidar de mim mesma. Isso significava dedicar tempo e energia para nutrir meu corpo, mente e espírito. O autocuidado tornou-se uma prática diária, um compromisso comigo mesma. Não era apenas sobre cuidar do físico, mas também sobre cuidar das minhas emoções e da minha mente. Senti-me mais capaz de lidar com as adversidades e de encontrar soluções criativas para os problemas.

Minha jornada de autodescoberta e transformação não foi apenas uma experiência pessoal. Comecei a compartilhar minha história com outras mulheres, em conversas íntimas, palestras, e até mesmo em escritos. Em cada encontro, eu via nos olhos delas um reflexo da minha própria luta. Houve a jovem mãe, que, entre fraldas e noites sem dormir, sentia que estava perdendo sua identidade. Ou a executiva de sucesso, que, apesar de uma carreira brilhante, vivia em um ciclo interminável de exaustão, tentando corresponder às expectativas de todos ao seu redor. E também a mulher que dedicou anos à família, mas se via perdida quando os filhos cresceram e deixaram o lar, questionando quem ela era além de ser mãe.

Ao compartilhar minhas experiências, percebi que elas não apenas ouviam, mas se viam na minha história. Cada relato de superação e autodescoberta que eu oferecia era como um espelho, refletindo os desafios e inseguranças que elas mesmas enfrentavam. Essas mulheres, antes silenciosas em suas lutas, começavam a se abrir, a contar suas próprias histórias, e, juntas, encontrávamos forças para quebrar as correntes invisíveis que nos aprisionavam. Essa troca de experiências foi transformadora, tanto para mim quanto para elas. Ao ouvir que outra mulher havia superado os mesmos medos e pressões, elas encontravam a coragem necessária para iniciar suas próprias jornadas de autoconhecimento. E, ao vê-las florescer, percebi que estava cumprindo um propósito maior: ajudar outras mulheres a se libertarem das amarras que as prendiam, a redescobrirem sua verdadeira essência, e a viverem de acordo com quem realmente são. Cada vez que uma delas dava o primeiro passo em direção à sua própria liberdade, eu sentia a confirmação de que, juntas, podemos nos curar e nos fortalecer, encontrando poder em nossa vulnerabilidade e na nossa capacidade de transformação.

Ao olhar para trás, vejo o quanto minha vida mudou desde que iniciei minha jornada de autodescoberta. As crises de pânico, que antes me paralisavam, tornaram-se um ponto de virada, um chamado para viver de maneira mais autêntica e plena.

Hoje, sinto-me mais conectada comigo mesma, mais confiante em minhas escolhas e mais aberta às possibilidades que a vida oferece. Sei que ainda haverá desafios, mas agora tenho as ferramentas e a resiliência para enfrentá-los.

Minha história é apenas o começo. A jornada de autoconhecimento e transformação é contínua, uma dança entre o que somos e o que podemos nos tornar. O mais importante é que, em nos permitir sermos verdadeiras e vulneráveis encontramos nossa verdadeira força e liberdade.

Convido você, mulher, a iniciar sua própria jornada de autodescoberta. Pergunte-se: "Quem sou eu? O que realmente importa para mim?". E ao responder a essas perguntas, permita-se crescer, mudar e viver de acordo com sua verdade. Essa é a chave para uma vida plena e realizada.

Essa história é sobre uma mulher que enfrentou crises de pânico e transformou sua vida. É sobre inspirar todas as mulheres que, em algum momento, sentem-se esmagadas pelas demandas da vida e pelas expectativas sufocantes que o mundo impõe. É sobre mulheres que, apesar de sua força e resiliência, são julgadas, desrespeitadas, e muitas vezes ignoradas. Este é um livro para todas as mulheres que já se sentiram invisíveis ou subestimadas, para que encontrem dentro de si a coragem de se levantar, de se redescobrir, e de viver suas verdades com firmeza e orgulho.

Se você já se sentiu invisível, subestimada ou presa em uma rotina que não reflete quem você é, eu vou guiá-la por meio de um processo profundo de autoconhecimento, em que você aprenderá a se ouvir, a reconhecer seus medos e superá-los, e a viver de acordo com seus próprios valores, assim como eu aprendi.

Espero que você se sinta inspirada ao terminar esta leitura e iniciar sua própria jornada de autoconhecimento e transformação. Lembre-se de que você tem o poder de redefinir o que é sucesso, criando uma vida que reflete a essência de quem você realmente é.

Gratidão!

“Você tem o poder de redefinir o que é sucesso, criando uma vida que reflete a essência de quem você realmente é.”

Tathi Oliveira

EDITORA
CHAVE MESTRA®

Instagram: @editorachavemestra

E-mail: editora@editorachavemestra.com.br

Site: www.editorachavemestra.com.br